恋愛を学問する

他者との関わり方を学ぶ

小野寺敦子［編著］

keiso shobo

目　次

第１章　発達心理学からみた恋愛 ……………………………………………1

第１節　恋愛の時期　青年期の特徴　1

第２節　恋愛は人格発達にどのような影響を及ぼすのか　3

第３節　恋の心理的メカニズム　5

第４節　最近の若者の恋愛および結婚意識　8

第５節　なぜ今の若者は恋愛に消極的なのか　14

第６節　最後に　まずは身近な人に関心を持つことから始めよう　16

第２章　ストーカー ……………………………………………………19

第１節　ストーカーとは　19

第２節　ストーカー犯罪の統計的実態　21

第３節　ストーカーのタイプ　23

第４節　ストーカーへの対策　27

第５節　まとめ　34

第３章　デートDV……………………………………………………………37

第１節　DV・デートDVとは　37

第２節　DV・デートDV被害の統計的実態　38

第３節　暴力の本質は支配　39

第４節　暴力の形態　40

第５節　加害者　43

第６節　被害者　44

第 7 節　デート DV に気がつこう　48
第 8 節　まとめ　52

第 4 章　アサーティブな関係 ……55
第 1 節　健康的で幸せな親密な関係を築くには　55
第 2 節　アサーションとは　55
第 3 節　自己表現のタイプ　56
第 4 節　自他融合よりも自他尊重　58
第 5 節　アサーションに関わる権利　60
第 6 節　安心できる関係をつくる　62
第 7 節　まとめ　66

第 5 章　性的マイノリティの恋愛 ……69
第 1 節　様々な種類の性的マイノリティ　69
第 2 節　同性愛と精神的な健康　74
第 3 節　欧米における同性愛の歴史　75
第 4 節　日本における同性愛の歴史　80
第 5 節　同性愛への嫌悪　85
第 6 節　性的マイノリティに対する支援　90

第 6 章　日本の近現代文学と恋愛――多様性を受け入れる恋愛小説 …97
第 1 節　身近にあふれる恋愛の物語　97
第 2 節　「恋愛」という言葉の登場　100
第 3 節　近代文学の幕開けと恋愛　103
第 4 節　変容していく「恋愛」の意味　107
第 5 節　多様な恋愛を描く現代の小説　112
第 6 節　恋愛小説を読むということ　116

第 7 章　メディアの発達と恋愛手段の変化 ……121
第 1 節　恋愛へのメディアの介在　121

第 2 節　メディアとは何か　122
第 3 節　メディアに記録することの変遷　123
第 4 節　メディアで伝えること　128
第 5 節　個人の想いを伝える自由度が高まってきたメディア　130
第 6 節　恋愛のきっかけをつくる手段としてのメディア　138
第 7 節　メディアで恋愛関係を深める　146
第 8 節　情報爆発の時代の恋愛　151

第 8 章　社会心理学から恋愛を考える……155
第 1 節　恋愛と向き合う　155
第 2 節　見せる自分と他者からの理解　157
第 3 節　対人認知とは何か　159
第 4 節　身の周りの様々な対人関係　164
第 5 節　恋愛に関わる理論　171
第 6 節　まとめ　親密度の高い関係性の留意点　176

索　引　181

第 1 章
発達心理学からみた恋愛

“恋をする”という恋愛感情は人間特有のものであるが、恋愛はいつの時代も若者にとっての最大の関心事であり悩みである。たとえば好きになった相手に自分の気持ちをどう打ち明けようか、交際してほしいと言われたが恋愛感情はないのでどう断ればいいのだろうかなど、恋愛には悩みがつきものである。そして恋愛から結婚へと発展し伴侶を得る人もいれば、もう恋愛はこりごりなので結婚は一生したくないと思う人もいる。本章では青年期から成人初期における若者の恋愛について発達心理学の観点から考えていくことにする。

第 1 節　恋愛の時期　青年期の特徴

青年期とはかつては中学生から 20 歳ぐらいまでの約 10 年間をさしていたが、近年は、第二次性徴の出現が早まったこと、そして高校や大学を卒業後も自分探しをする若者が増えていることから青年期は延長され、15 年から 20 年間ぐらいの期間と考えられるようになっている。しかし青年期の期間は延長してきているものの、青年期の特徴については時代を超えて共通していると考えられるため、本節では心理学の観点から青年期の特徴についてみておきたいと思う。

1. 親から心理的に自立する時期

乳児は母親の姿が見えないだけでも泣きはじめ、母親を全面的に信頼し依存しなくては生きて行くことすらできない。親、とりわけ母親はこの幼な子に一体感をいだきながら、我が子を守り育てて行く。しかし子どもが青年期に入る頃になると、子どもは親から心理的に自立していく必要がある。青年期の研究者である福島（1992）は「青年期に子どもは親から自立しなければならない。親と同居していても経済的に依存しつつも心理的には親とはちがった個性をもった人間であるという課題を課せられている」と述べている。またブロス（Blos, 1962）は、青年期を「第2の個体化の過程」とよんでいる。彼によれば第1の個体化の過程は、乳幼児の時期に子どもが母親との身体的・精神的一体感から分離し成長する過程であり、第2の個体化の過程は青年期に親から精神的に自立して行く過程であるとしている。そしてこの第2の個体化の過程は、前青年期（10–11歳：第二次性徴が始まり異性への関心が生まれてくる時期）、青年期前期（12–14歳：両親との絆から分離しはじめ、同性の仲間との友情が深まる時期）、青年期中期（15–17歳：異性への関心が決定的となり自己発見への関心が高まる時期）、青年期後期（18–20歳頃：両親との葛藤が少なくなりはじめ関係性が回復してくる時期）の4つに区分されるとしている。つまりブロスはこの青年期に異性への関心が向かうことによって親からの精神的自立が促進されると指摘している。以上のことから青年期には、親から心理的自立を果たすためにも、恋愛が大切な発達心理学上の課題であるといえる。

2. アイデンティティ（自我同一性）の確立

エリクソン（Erikson, 1963）は人間の発達段階を8つに区切りそれぞれの段階で獲得しておくべき心理社会的課題を設定している。その8段階の中で青年期の発達課題はアイデンティティの確立である。アイデンティティとは「自分とはどのような人間なのか」「自分の長所・短所をしっかり理解し、将来、自分の進むべき方向を決める」ことである。たとえば学生時代にどんな仕事が自分に向いているかについて悩み、自分にあった仕事に就けるように努力することはアイデンティティの確立へと向かう姿である。しかし本当に自分がやりたいことが見つからず彷徨い続けていくと、自分自身を見失いアイデンティティが拡散（自我同一性拡散）することになる。そうなると生き甲斐が見つからず何をやってもうまく行かないまま年齢を重ねることになってしまう。したがって青年期の間にアイデンティティをしっかりと確立しておくことが大切になる。

3. 異性への関心

青年期になると性的成熟期を迎えるが、心臓や血管などの循環機能が未発達であり、性的成熟に伴う生理的変化が起きやすい時期でもある。ちょっとした刺激で鼓動が速くなったり、人前に立つと赤面したりする。また性ホルモンの分泌が盛んな時期であることから性衝動も高まりやすくなってくる。女子では身長が約 152 cm、体重が約 42 kg になると初潮を迎えることが多くなり、体格のよい女子であれば 10 歳ぐらいに初潮を迎えるようになる。一方の男子が精通をむかえるのは 12、13 歳が多い。すなわち小学生の高学年から中学 1–2 年生にかけて子どもたちは自分の身体的変化に戸惑い、親や友だちにその戸惑いを相談できず一人で悩んでいる場合も多い。

4. 第 2 反抗期

親の庇護のもと育ってきた子どもが 2–4 歳になると、自我が芽生えだし自己主張を始めると同時に、親から言われたことにはことごとく反抗するようになる。いわゆる「イヤイヤ期」である。そして次に親への反発・反抗が強まるのは青年期である。その反抗・反発は親や先生そして社会的権威や制度にまで及ぶことがある。親から言われたことには口ごたえをし、親を非難し親とは口もきかず自室にこもってしまっているということはよく聞く話である。これが第 2 反抗期である。この時期の反抗は、青年が親から自立しアイデンティティを獲得して行くための重要なプロセスであり青年期の特徴と考えられてきた。ところが近年、青年期に第 2 反抗期がみられないことが指摘されるようになっている。それは反抗の対象となってきた親、とりわけ父親がやさしく、物わかりのよい親に変化してきていることがあげられる。今の青年は、やさしくなった親に反抗する理由が見当たらないのかもしれないが、自分の意見をしっかりと親に伝え自我を確立していく努力は忘れてはいけないはずである。

第 2 節　恋愛は人格発達にどのような影響を及ぼすのか

1. アイデンティティの確立が本物の恋愛につながる

先に取り上げたエリクソンは青年期の発達課題として「アイデンティティの

確立」を掲げていた。また青年期に続く成人期初期（30–40歳代）の発達課題は「親密性　対　孤独」である。「親密性とは他者とやさしさに満ちた関係を経験できる能力のことである。そして他者との本物のかかわりあいを結ぶことは確固たる自己確立（アイデンティティ確立）の結果であると同時に自己確立の試練でもある」とエリクソンは説明している。このエリクソンの記述より青年期においてアイデンティティがしっかりと確立できていないと、次の発達段階である異性との親密な関係性は築いていけないということがわかる。

大野（1995）や高坂（2010）はアイデンティティの確立と恋愛について研究を行っている。大野は、アイデンティティの確立が不十分な場合、恋愛することによってネガティブな影響、たとえば相手にのみこまれてしまうような心理状態になると指摘している。これは自己のアイデンティティの確立がしっかりとできていない場合、交際相手からの賞賛を求めるといった他者からの評価を気にしすぎるあまり、自分自身を見失ってしまう可能性があるという意味に理解できよう。また高坂（2010）は、大学生の本人のアイデンティティの確立の程度と交際相手のアイデンティティの確立の程度が恋愛関係に与える影響について検討している。このアイデンティティの確立の程度は、マーシャのアイデンテイテイ・ステイタス理論（危機と関与という2つの観点）に基づいて測定され「達成型」（自分の生き方や価値観について悩み、自分が正しいと思った考えに従っている。自分の長所や短所をしっかり理解できている）「モラトリアム型」（今の自分の生き方について模索中で迷っている）「フォークロージャー型」（心理的な危機は経験していないが、今の状況には積極的に関与している。本当に今の状況が自分に最良なのかを考えてはいない）「拡散型」（今の自分は本当の自分でないような気がするという感覚をもっている）の4つに分類されている。そして高坂は、本人も交際相手も「達成型」や「フォークロージャー型」である場合、恋愛関係からポジティブな影響（例：何事にも積極的になる・幸福感が高まる）を受けていることを明らかにしている。

2. 恋愛は人を成長させる

次に恋愛がパーソナリティにどのような影響を与えているかをみてみよう。高坂（2009）は、恋愛のポジティブな影響としては、いろいろな物事に興味がわき、何事にも積極的になって活動的になるといった「自己拡大」、気持ちが安らぎ、満たされた気持ちになって幸せだと感じる「充足的気分」、そして周りの人からの評価が上がり一人前に見られるようになったと感じる「他者評価の上昇」をあげている。それに対しネガティブな影響として友達と遊びに行きにくくなる、束縛されている気がするという「拘束感」、相手の気持ちがいつも気になり、別れてしまうのではという不安を感じる「関係不安」、交際費がかかり負担であるという「経済的負担」、身の回りの生活がおろそかになり生活リズムが崩れるといった「生活習慣の乱れ」がみられることを明らかにしている。さらに高坂は男女の恋愛に対する心理的影響について比較検討をおこない、女性は男性より交際期間が長くなっても「関係不安」を抱きつづけ、また「生活習慣の乱れ」も感じていることを明らかにしている。これは男性よりも女性は恋愛を自分にとって重要なコトと考えているためではないかと説明している。

このように見てくると恋愛が人格的に成長しポジティブな影響を与えて行くには、お互いがアイデンティティを達成していくことが大切であるとわかる。交際相手を選ぶ際には、相手がしっかりと自己を確立しているかどうか、自分のやりたいことに向かって努力している人かどうかを見極めることが大切だといえる。またそれと同時に自分自身も自己を見つめアイデンティティを確立していくことも大切になる。そうすることにより恋愛によって人格的成長・発達が促進されていくと考えられる。

第3節　恋の心理的メカニズム

1.「恋するわけ」についての理論

どんな時に人はその人を好きになり恋愛にまで進展するのだろうか。その心理的メカニズムについてはいくつかの理論をみていこう。

類似性理論

素敵な異性だなと思った時、まずはその人について知りたいという気持ちが芽生える。そしてその人と話をする中で、相手との類似点が見つかると急に相手を身近に感じられるようになる。好きな音楽のジャンルが同じ、出身地や出身校が同じ、血液型が同じというように自分との類似点が見つかると相手との距離がいっきに縮まり、相手に好感をいだくようになる。バーン（Byrne, 1971）は、人は態度の類似した他者に対して魅力を感じることを明らかにしているが、これは類似性理論といえる。初対面での話のきっかけになる「ご趣味はなんですか」という常套句があるが、この会話は交際への第一歩になるようだ。つまり「類は友を呼ぶ」ということわざがあるように、一緒にいて相手の同意が得やすいと、相手の行動を予測しやすいために二人の関係性を楽に築いていけるというわけである。

ザイオンス理論（単純接触効果）

アメリカ人のザイオンス（Zaionc, 1968）が唱えた理論。同じクラスや同じサークルに属していると否が応でもメンバーとは顔を合わせる機会が増え、話す時間も長くなる。最初は特に気に留めなかった異性であっても、なんども会っているうちに「あ！　あの人って結構いいかも」と思えるようになる。つまり人は単純に接触を繰り返すうちにその人に好意を持つようになるというのである。

相補性理論

ウィンチ（Winch, 1958）は、結婚している夫婦では支配欲求の高い人は、同じように欲求の高い人よりも低い人との関係性がうまく行っていたことを明らかにしていた。つまり相補性理論とは、人が自分とは反対の性格をもつ相手に惹かれるという考え方である。恥ずかしがり屋で人前で話すことが苦手という女性が、活動的で積極的な男性に出会った場合、その男性に魅力を感じ恋心をいだくということがよくある。これは無意識に自分に足りない部分を補おうとする心理から起こる現象である。お互いにない部分に惹かれて交際することで人格的に高め合い、自分の弱点を相手に補ってもらえるという利点があると考えられる。

ロミオとジュリエット効果理論

イギリスを代表する戯曲家であるシェイクスピアは、恋愛物語として有名な「ロミオとジュリエット」という作品を書いている。モンタギュー家とキャピュレット家の長年にわたる対立の中で、ロミオとジュリエットは恋に落ち結ばれるが最後には二人の死という悲しい結末で終わる物語である。アメリカの心理学者ドリスコールは、この悲劇の物語にちなんで大きな障害があるほど、また周囲からの反対があるほど、二人の恋はより激しいものになることを「ロミオとジュリエット効果」と呼んでいる。たとえば娘が交際している相手に対して両親が猛反対をして「絶対、結婚は許さない」と頑《かたく》なに相手を拒むような場合、二人の想いは強くなり親との対立も深まってしまいかねない。つまり引き裂こうとすればするほど、燃え上がる恋愛といえる。

誤解から生じる恋愛理論

カナダの心理学者であるダットンとアロン（Dutton & Aron, 1974）は、恐怖心や不安が恋愛を助長することを明らかにしようとして吊り橋実験（高所や恐怖体験の緊張が、行動をともにしている相手への恋愛感情を生み出す効果）を行っている。実験では8歳から35歳までの男性を集め、揺れる吊り橋と頑丈で揺れない橋を渡る2つのグループに分け、両グループの男性を同じように橋の中央まで渡らせた。そこに若い女性がアンケートを求めて男性に声をかけ、最後に「結果に興味があれば、後日電話をかけてきてください」と言って男性に電話番号を伝えた。すると後日、実際に電話をかけてきた割合は、頑丈な橋を渡ったグループが13%だったのに対し、吊り橋を渡ったグループは50%と明らかに後者のグループの方が女性に電話をかけてきた。これは、揺れる吊り橋を渡っている男性が生理的に興奮状態にあったため、この興奮が女性への一目惚れによるものではないかと誤認してしまったと説明できよう。しかしそれがきっかけで本物の恋に発展する場合もあるのかもしれない。

2.　恋愛にはいろいろなタイプがある

「蓼《たで》食う虫も好き好き」ということわざがある。「蓼」とは苦くて辛い葉でほとんどの虫が好まずに食べないが、蛍やハムシなどの甲虫は、好んで食べるということから、「人の好みというのは人それぞれだ」ということを表現している。これを恋愛状態にあてはめてみると、「自分はあのような人とは、絶対交際したくないのに、なんで○○さんはあの人と交際しているのか不思議だ」といったことになるのかもしれない。

リーは愛のタイプを下記の6タイプに分類している。松井（1993）は自著の中でそのタイプについて紹介し、また豊田・岸田（2006）はこれら6タイプについての恋愛感情尺度を作成している。

①遊戯的愛（ルダス）　恋愛を楽しもうとする感情であり、特定の相手ではなく、多くの相手とのつき合い、特定の相手との適当な距離をとろうとする傾向がある。

②狂気的な愛（マニア）　相手を独占したいという願望にかかわる感情であり、この感情によって相手に対する嫉妬などの激しい行動が生まれる傾向が強くなる。

③実利的な愛（プラグマ）　相手と付き合うことによって自分が損か得かにかかわる感情であり、相手が自分にとってプラスかマイナスかを考えている。

④熱愛的愛（エロス）　相手と自分がお互いに愛し合っているという感情であり、この感情があると、お互いが強く愛し合っているという実感を望む傾向が強くなる。

⑤友愛的な愛（ストーゲイ）　相手に対する友情に近い感情であり、友人から恋人へと発展することが望ましいと考えられることになる。

⑥愛他的な愛（アガペ）　相手の幸せを喜ぶ感情であり、この感情があると相手のためならば、自分を犠牲にしてもかまわないと考える傾向が増す。

第4節　最近の若者の恋愛および結婚意識

1.「交際相手がいない」若者が急増

「現在交際している異性がいますか」という設問に対して「いる」と回答し

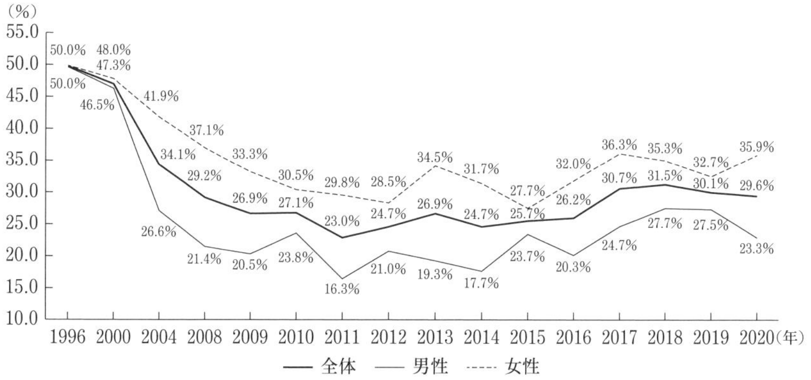

図 1-1 「現在交際相手がいる」割合（1996-2020 年　年次推移）

た人の割合は、2000 年では男性 46.5%、女性 48.0% であったが、2018 年になると男性 27.7%、女性 35.3%、2019 年では男性 27.5%、女性 32.7%、そして 2020 年では男性 23.3%、女性が 35.9% となっていた（オーネット、2020)。この 2020 年の数値は、交際相手がいない人の割合が男性では 8 割弱、女性では 6 割以上になっており、近年の日本の若者は異性交際をあまりせず、とりわけ男性にその傾向が顕著であることを示している。

なぜ若者は交際しようと思わないのかという理由について厚生労働省白書（平成 27 度版）よりみてみよう。理由として高い割合を示していたのは、「恋愛が面倒」（男性 52.6%、女性 60.1%）「自分の趣味に力を入れたい」（男性 55.7%、女性 57.0%）「仕事や勉強に力を注ぎたい」（男性 36.8%、女性 36.1%）であったが、「異性に関心がない」では男性は 11.7%、女性は 22.2% なっていた。また「異性と交際するのが怖い」への回答では男性は 14.6%、女性は 19.0% となっていた。そして異性と交際することへの不安の理由を尋ねたデータによると（同白書)、「自分は異性に対して魅力がないのではないか」（男性 46.0%、女性 49.8%）が一番数値が高く、「そもそも異性との出会いの場所がわからない」（男性 38.8%、女性 47.1%)、「自分が恋愛感情をいだくことができるのか不安だ」（男性 23.2%、女性 40.3%）と続いており、男女ともに異性と付き合うことへの自信のなさが数値に現れている。

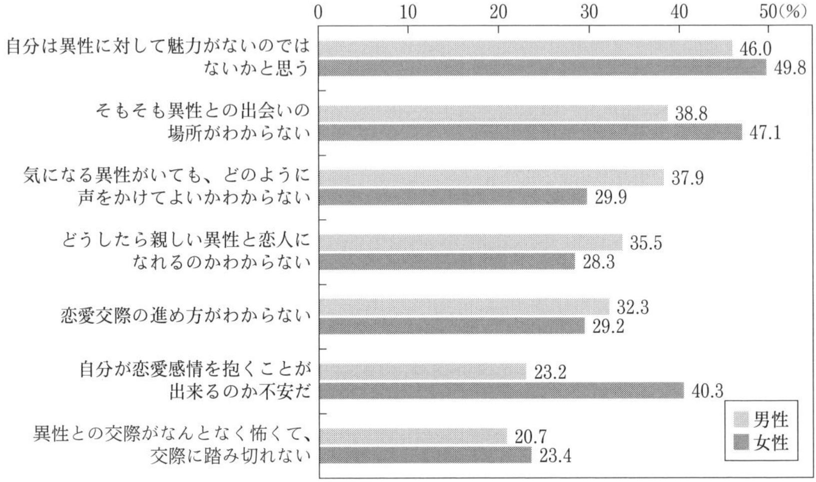

資料：内閣府「結婚・家族形成に関する意識調査」(2010年)

図1-2　異性と交際する上での不安

2. 結婚願望は強い

「あなたは将来結婚したいと思いますか」(オーネット、2020) の設問に対して、「結婚したい」が2019年は79.3%、2020年は79.1%となっており、ほぼ同じ割合であり「結婚したい」と思っている人が約8割いることがわかった。また結婚希望年齢では、男女ともに最も割合が高かった年齢は25歳 (24.1%) で、続いて28歳 (14.7%)、26歳 (13.1%)、27歳 (10.0%)、そして24歳 (11.0%) となっていた。この数字は女性の約7割が26歳までに、男性の約6割が27歳までに結婚したいと思っている数値である。ところが実際に結婚した平均初婚年齢の推移を「人口動態統計」によってみると、1980年男性27.8歳、女性25.2歳、1990年男性28.4歳、女性25.9歳、2000年男性29.8歳、女性28.0歳、そして2010年男性30.5歳、女性28.8歳、2020年男性31.2歳、女性29.6歳と男女ともに初婚平均年齢は上昇しつづけている。都道府県別に見てみると (「都道府県別にみた夫・妻の平均初婚年齢の年次推移」平成28年『人口動態統計』確定数)、最も女性の初婚年齢が高いのは東京都で30.5歳、2番目に高いのは神奈川県で30.0歳であった。

以上のことから近年の日本の若者は、異性との交際には消極的で実際に交際している人の割合は減少傾向にあるものの、将来、結婚したいという結婚願望の割合は非常に高いということがわかる。さらに実際に結婚をする初婚年齢は、男女共に30歳代と晩婚化傾向が顕著であり、結婚に対する理想と現実には大きなギャップがあるといえる。

3. 理想の男性像／女性像

次に、近年の理想の異性像についてみてみよう。1980年代末のバブル景気全盛期頃の女性が理想とする男性像は、「高学歴」「高収入」「高身長」という三高と言われていた。一流大学の出身で見た目もカッコよくかつ収入も安定している人をみつけ、自分は専業主婦として子育てに専念するのが理想の生活だとこの時代の女性たちは考えていたといえよう。ところが最近の理想の男性像は「3つのC」であると小倉（2006）は指摘している。3Cとは、comfortable 一緒にいて楽、cooperative 家事・育児に協力的、communicative 話好きで・まめな人である。まめにメールに返信し、自分を励ましてくれ、気を遣わずに一緒にいて楽しく、子どもが生まれたら家事や育児に積極的に関わってくれるやさしい男性が近年の女性が抱く理想像と考えられる。それに対し男性が女性に抱く理想像は4K（kawaii かわいい、kateiteki 家庭的、kashikoi 賢い、karui（taijyu）軽い）とされている。家庭的でやり繰り上手な可愛いらしい女性という昔ながらの女性像を男性は依然として抱いているといえる。近年は、女性は結婚しても働くことがあたりまえになりつつあり、夫婦で協力して子育てをしてくれる男性が理想的と女性はとらえているようだ。しかしこうした理想の異性像の男女間のズレは、恋愛や結婚の壁になっているのかもしれない。

ではどうすればその理想の男性・女性を探すことができるのだろうか。かつてはお見合い制度が日本ではよく機能しており、相手を紹介してもらい結婚にいたる場合が多かった。親は娘／息子が結婚適齢期を迎えたら、親戚やお見合い紹介を専門にする知人に、いい人を紹介してほしいと依頼し、写真（写真館で晴着を着てとったもの）と釣書《つりがき》（家柄、学歴、経済状況が書かれている自己紹介書のようなもの）を両家で交わす。その内容をみて本人と親が家にふさわしい相手だと判断したら、両家で会食しながら候補者の品定めをしてお見合いが成

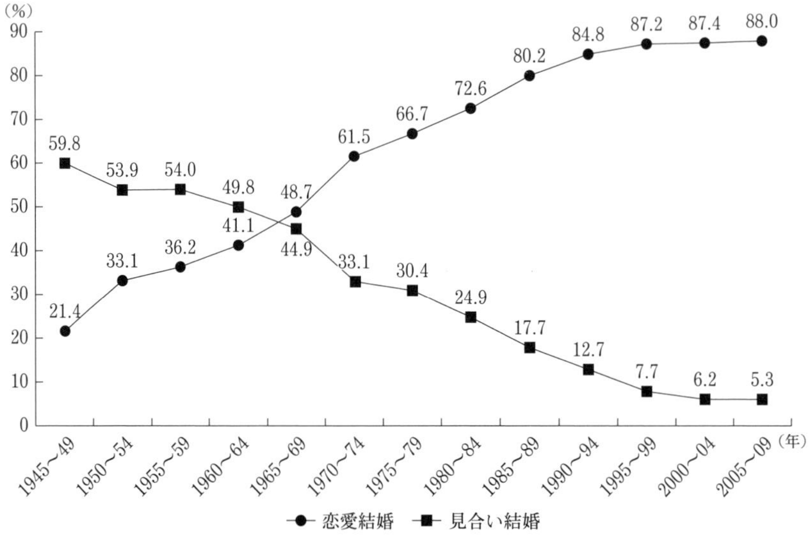

資料：国立社会保障・人口問題研究所「第 14 回出生動向基本調査（夫婦調査）」（2010 年）
（注）　初婚同士の夫婦について調査したもの。
「その他・不詳」と回答した人もいるため、「恋愛結婚」と「見合い結婚」の和が 100% にならない。

図 1-3　恋愛結婚と見合い結婚の割合の推移

立し、その後結婚に至るというものであった。このため日本社会は「皆婚社会」と言われていた。厚生労働省白書（H27 年版）によれば、戦後すぐの頃（1945–1949 年）は、お見合い結婚が全体の約 60% であるのに対し恋愛結婚は 20% ぐらいだった。ところがそれ以降、お見合い結婚は減少を続け、1960 年代末には恋愛結婚との割合が逆転し 1990 年代中ごろには 7% を切るまでに低くなっていた。そして 2010 年代に入ると、お見合い結婚はわずか 5.5% 程度となり 90% 近くは恋愛結婚になった。つまり今やお見合い制度は崩壊しており、結婚相手を自分の力で見つけるのが当たり前という時代になっている。

4. 生涯未婚者は増加の一途

結婚相手を自分の力で探すには、まずは恋愛をすることから始めなくてはいけない。しかし異性と交際をする人の割合も減ってきていることから、一生結

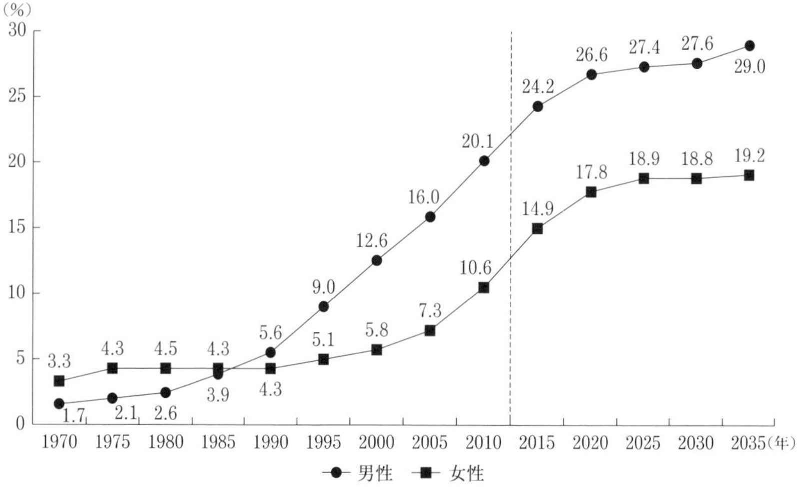

資料：国立社会保障・人口問題研究所「人口統計資料集（2015 年版）」、「日本の世帯数の将来推計（全国推計 2013 年 1 月推計）」

（注）　生涯未婚率とは、50 歳時点で 1 度も結婚をしたことのない人の割合。2010 年までは「人口統計資料集（2015 年版）」、2015 年以降は「日本の世帯数の将来推計」より、45〜49 歳の未婚率と 50〜54 歳の未婚率の平均である。

図 1-4　生涯未婚率の推移（将来推計含む）

婚しない人も増加していきている。1970 年の生涯未婚率（50 歳時点で一度も結婚したことのない人の割合）は男性 1.7%、女性 3.3% であり、1980 年では男性 2.6%、女性 4.5% だった。しかし 2000 年の生涯未婚率は男性 12.6%、女性 5.8% であったが、2020 年には男性 26.6%、女性 17.8% と急激にその割合は増加しており、2035 年には男性で約 30%、女性で約 20% になると予想されている。将来、ますます日本社会の未婚化は加速化していくと考えられる。この未婚化の加速は、子どもの数の減少という少子化問題、ひいては高齢化社会を誰が支えるのかといった社会問題にまで影響を及ぼしていくと考えられる。

かつて結婚したくてもできない男性は、マザコン、不細工、異性恐怖症、寂しい人、変わり者というイメージを持たれていた。ところが近年は、結婚できないのではなく、積極的に「結婚しない」という選択をしている男性が増加している。荒川（2015）はそうした男性を「ソロ男」と命名し、彼らには次のような特徴があると分析している。1. 気楽な地位を好む、2. 高給より休みがたっぷりほしい、3. 将来に備える堅実派、4.「変わり者」であると自認、5. 異性に対する意識高い、6. 常識人、7. きれい好き：掃除にこだわる、8. 基本的に朝食は食べず夕食は外食、9. 音楽を好む、10. 心が豊かになる消費に関心。つまりこれらの特徴から、自ら結婚しない選択をしている男性は、妻子がいたらできないであろう気軽で自由な生活をイキイキと謳歌している人たちだと言えよう。

また近年の男性の特徴を表現する言葉に、草食系男子、ロールキャベツ男子、アスパラベーコン男子がある。2008年ごろに流行した草食系男子は、恋愛や異性関係に対して執着がなく、性格はおだやかで協調性に富んでいることから草食動物になぞらえて命名されたものである（本川、2019）。ロールキャベツ男子は、肉がキャベツで巻かれているロールキャベツにちなみ、見た目は草食系なのに中身は肉食系という男性をあらわしている言葉である。そしてアスパラベーコン男子は、見た目はがっしりしていて男らしく恋愛にも積極的な雰囲気を持っているのだが、実は自己肯定感が低く恋愛に消極的な草食系男子である。こうした流行語からもわかるように、今どきの男性は気骨ある頼れる人というよりは、心優しい好青年というイメージが社会で定着しつつあるようだ。

第5節　なぜ今の若者は恋愛に消極的なのか

1. 女性の結婚および仕事に対する価値観の変化

近年、若者が恋愛に消極的になってしまったのには、どのような要因が影響を与えているだろうか。その1つの要因として女性の社会進出があげられる。1980年代ぐらいまでの日本社会では、女性は高校あるいは大学を卒業して就職しても、結婚を機に仕事をやめて専業主婦になる場合が圧倒的に多かった。なぜならば女性の幸せは結婚して母親になることだという価値観が社会に浸透していたからである。ところが1985年に男女雇用機会均等法が制定されると女性の社会進出は急速に進み、給与や職務内容も男性と同等に位置づけられ、女性の社会での地位は向上していった。ちょうどこの頃に生まれた女性たちは現在30歳代から40歳代となっており、男女平等的意識が強く仕事上でも責任ある地位に就いていると考えられる。この女性の就業率の上昇は、女性の結婚への価値観を大きく変えることになった。男性と同等の収入を得ることができたことで、結婚して夫の経済力に頼らなくても自分の力で生活していける女性たちが増え、結婚よりも仕事や趣味に時間とお金を費やしたいという女性が増えてきたのである。山田（2019）は今の時代を「結婚不要社会」と表現しているが、「結婚こそが女性の幸せ」という価値観は、今の時代すでに崩壊していることは確実のようである。この近年の女性の結婚や仕事に対する価値観の変化が、女性の恋愛に対する消極的な態度の一因になっていると考えられよう。

2. 親にパラサイトする若者の増加

２つ目の要因は、親へのパラサイト（ある生物に寄生して生きているモノ）という要因があげられる。つまり就職して社会人になっても親と同居し自分の収入は自分のしたいことに使える未婚者のことパラサイトシングルというわけである。こうした未婚者は仕事をしているのでその収入で海外旅行にいったりブランド品を購入したりと日本の消費者のリーダーとなっている。家には母親がいるので、帰宅すれば夕飯は用意されており家事をする心配はない。一方、彼らの母親は、団塊ジュニア世代であり、仕事についたが結婚するために寿退社をして子育てに専念してきた女性たちである。この世代の女性は専業主婦である場合が多く、同居する子どもの世話を生きがいとしている場合も多い。すなわち日本社会の特徴として指摘される、母子間の強い心理的密着度が、子どもの恋愛の機会を妨げているのかもしれない。

3. 傷つくのが怖い

３つ目の要因は、今どきの若者は小さい頃、いじめなどの辛い経験をしている人も多く、青年期になっても友達とは深いつきあいをしないことが自分を守ることだと考える傾向があることである。たとえば10名前後のゼミの学生をみていても、相手がどこに住んでいてどんな趣味があるのかといったことを自分から仲間に聞く学生は近年、非常に少なくなったと感じている。阪本・原田（2015）は、今どきの若者は「さとり世代」と呼ばれており、何事にも欲がなく、夢や目標を追わずに今の状況をすでに悟ってしまったかのように淡々としている世代であり、SNS 上の自分の投稿への「いいね！」の数で自己評価が左右される世代であると指摘している。つまり相手と深く付き合うこと、とりわけ恋愛のような親密な付き合いで、相手との関係性がうまく行かなかったときに傷つくのが怖い、だから最初から恋愛することはやめようという心理が働いているのかもしれない。

第６節　最後に　まずは身近な人に関心を持つことから始めよう

エリクソンは、青年期の発達課題として「アイデンティティの確立」を、成人前期の課題として「親密性」を掲げている。そして親密性とは他者とやさしさに満ちた関係を経験できる能力のことであり、確固たる自己確立（アイデンティティ確立）ができた後に獲得できると述べていた。この発達課題について生涯発達の視点にたって考えてみると、異性交際に消極的な若者が増えてきている状況は「親密性」の獲得という発達課題をしっかりと築けないまま、年齢を重ねて行く人が増加していくことになりかねないという懸念がある。人と繋がる方法が変化し人間関係が希薄になってきている今だからこそ、表面的な淡々としたかかわり方ではなく、同性、異性を問わず積極的に友人、知人のことに関心をもち、親密な関わりをもっていくことが大切である。そうすることが人間的成長・発達を促すことになり、真の意味で「よい恋愛」に繋がるはずである。

引用文献

荒川和久（2015）. 結婚しない男たち 増え続ける未婚男性「ソロ男」のリアル　ディスカヴァー・トゥエンティワン

Blos, P.（1962）. *On Adolescence: A psychoanalytic interpretation*. A Free Press of Glencoe.

Byrne, D.（1971）. *The attraction paradigm*. New York: academic Press.

Dutton, D. G., & Aron, A. P.（1974）. Some evidence for heightened sexual attraction under conditions of high anxiety. *Journal of Personality and Social Psychology*, *30*, 510–517.

Erikson, E. H.（1963）. *Childhood and society*. New York: Norton（original work published 1950）（エリクソン，E. H. 仁科弥生（訳）（1977）. 幼児期と社会 I・II

みすず書房）
福島章（1992）．青年期の心――精神医学からみた若者　講談社
本川裕（2019）．なぜ，男子は突然，草食化したのか　日本経済新聞出版社
高坂康雅（2009）．恋愛関係が大学生に及ぼす影響と，交際期間，関係認知との関連　パーソナリティ研究，*17*, 2, 144–156.
高坂康雅（2010）．大学生及びその恋人のアイデンティティと“恋愛関係の影響”との関連　発達心理学研究，*21*, 2, 182–191.
厚生労働省白書（H27 年版）
松井豊（1993）．恋ごころの科学　サイエンス社
小倉千加子（2006）．結婚の条件　朝日新聞出版
（株）オーネット（2020）．【第 25 回】2020 年「新成人の恋愛・結婚に関する意識調査」Retrieved from　https://onet.co.jp/company/release/2020/20200104.html
大野久（1995）．青年期の自己意識と生き方　落合良行・楠見孝（責任編集）講座生涯発達心理学第 4 巻　自己への問い直し――青年期（pp. 89–123）金子書房
阪本節郎・原田曜平（2015）．世代論の教科書　東洋経済
豊田弘司・岸田麻里（2006）．教育用簡易版恋愛感情尺度の作成 奈良教育大学教育実践総合センター研究紀要，*15*, 1–5.
山田昌弘（2019）．結婚不要社会　朝日新聞出版
Zajonc, R. B. (1968). Attitudinal effects of mere exposure. *Journal of Personality and Social Psychology*, *9*, 1–27.
Winch, R. F. (1958). *Mate selections: A study of complementary needs*. New York: Harper.

第2章
ストーカー

第1節　ストーカーとは

1.「ストーカー」という言葉の背景にある不安

ストーカーという言葉を聞いたことはあるだろうか？　ある学生のコメントを表 2-1 に掲載した。これらを読んでみると、ストーカーに対する一般的なイメージが表現されているのではないだろうか。ストーカーという言葉のイメージの背後には「不安」があるように思える。

本章では、ストーカーの実態と心理、その対策についてみていく。読者には、ストーカーに対する認識を深め、ストーカーの被害に遭った際に早急に対応できるようになってもらいたい。

2. 法律上の定義

ストーカー行為とは、「特定の者に対する恋愛感情その他の好意の感情又はそれが満たされなかったことに対する怨恨の感情を充足する目的で、その特定の者又はその家族等に対して行う行為」のことである。これは、「ストーカー行為等の規制等に関する法律」における定義である。この法律は、通称ストーカー規制法と呼ばれ、2000 年に制定された。この法律では、ストーカー行為に対して罰則が設けられており、1 年以下の懲役又は 100 万円以下の罰金が科せられる。罰則は決して軽くない。なお、実際は、恋愛感情に関係ない長期間にわたるいやがらせ行為もストーカー行為ととらえることがある。

ストーカー規制法には、「恋愛感情」や「好意」あるいはこれらが満たされ

表 2-1　ストーカーに対する認識

・自分がストーカーっぽいことを恋人にされたことがあるけど、本当にストーカー行為だったのかな？
・ストーカーって元恋人が多くて、別れる時にもめたりするとストーカーになっちゃうって聞いたことがある
・友だちが恋人と別れた後に、SNS で悪口を言われていて、たいへんだった
・ストーカーが相手を殺してしまう事件を聞いたことがあるので、怖い
・自分が恋人と別れたくなくて、1日に何度も SNS を使ってやりとりをしている。これってストーカーですか？

なかったことに対する「怨根」などの感情によって、ストーカー行為が行われていることが示されている。「恋愛」や「好意」は多くの人が経験するものである。人は、その感情を満たそうとして相手に近づこうとする。しかし、その方法が好意を向けた相手にとって不安や恐怖を喚起するようなものであったり、社会的にみて不適切であったりなど、ストーカー規制法に抵触する方法となる場合がある。

3.「つきまとい」とは何か

つきまとうことをストーキングと呼ぶ。相手に対してつきまとうこと、路上で待ち伏せること、家に押しかけること、あるいは家や職場をうろつくこと、たまたま立ち寄った店舗など相手が実際にいる場所をみだりにうろつくことといったものがストーキングになる。相手に対して監視していると告げる行為もストーキングとなる。面会や交際を要求することや、その要求が叶わない時に乱暴な言動を相手に示すこともストーキングになる。あるいは無言電話をかけることもストーキングである。直接、姿を見せない方法として、電話を連続してかけたり、大量のファクシミリを送ったり、電子メールを何度も送りつけたり、手紙等の文章を送りつけたり、SNS 等への書き込みなどもストーキングになる。相手の承諾を得ないで、GPS 機器等によって位置情報を取得することもストーキングになる。少ない事例ではあるが、相手に汚物等を送りつける行為もストーキングになる。相手の名誉を傷つけることや性的羞恥心を喚起させることもストーキングになる。このようにストーキングとは、ただつきまとうだけではなく、実際にはさまざまな形態がある。

4. もう 1 つの定義

ストーキングの被害・加害のカウンセリングの経験が豊富な小早川（2017）によると、ストーキングは「無許可接近」と考えられている。また、ストーカーとは「特定の相手に対する過剰な関心と過剰な接近欲求により無許可接近をする人」とされている。無許可接近とは、「相手から接触しないでほしいと伝えられても接触すること」と定義されている。これは非常にシンプルな記述であり、ストーカー規制法にあった定義よりも広くとらえている。つまり、相手と恋愛関係にあったかや、ストーカーの感情面については触れられていない。

われわれには、恋愛や好意を向ける相手に対して関心を向け、近寄りたい欲求がある。その欲求に駆られて、相手に対してアプローチする。一方で、ストーキングは、特定の相手に対する過剰な関心と過剰な接近欲求に駆られている状態であり、相手に対して強く執着してしまう状態である。つねに相手のことを考えており、この関心と欲求を満たすために、違法行為を含むあらゆる手段を使ってストーキングするという点にあると考えられる。また、社会生活に支障をきたすこともある。実際、ストーカー規制法に抵触し、警察から警告を受けることもある。通常であれば、自分の思いが叶わないと悟ったとき、相手から離れることができる力を持っている。しかし、ストーカーの場合、警察からの警告を受けてもなお、「無許可接近」を止められずに、ストーキングの内容がより深刻化し、脅迫や殺人などの事件に発展することもある。このように「無許可接近」が止まらない場合、被害者やその家族、あるいはストーカーの家族による説得はあまり効果がなく、むしろストーカーと接触することが過剰な接近欲求を高める機会ともなり得る。当事者同士で解決することが困難な事態であり、警察力を借りて安全かつ安心できる日常生活を取り戻すための支援が求められる。

第 2 節　ストーカー犯罪の統計的実態

ストーカー犯罪の実態を理解するのに役立つのが警察庁の統計である。ここではストーカー事案の対応状況についての統計（警察庁、2021）によって実態の理解をしていく。

まず、ストーカーの相談件数は、令和2年では20,189件であった。平成29年の23,079件から緩やかな減少傾向が見られた。しかし、多くのストーカー事案に関する相談があることがわかる。

次に、ストーカー規制法に基づく警告・禁止命令では、接近命令よりも警告の方が多い。警告は平成28年は3,562件で、令和2年は2,146件と減少傾向であった。また、禁止命令等は平成28年は173件で、令和2年は1,543件と増加傾向にあった。

3番目に、ストーカー事案の検挙には、刑法犯・特別法犯とストーカー規正法違反がある。令和2年では刑法犯・特別法犯は1,518件で、ストーカー規制法違反は985件であった。刑法犯・特別法犯の具体的な犯罪行為は、住居侵入・脅迫・暴行などさまざまである。ストーキングだけでなく、それに起因する犯罪が生じているのである。ストーカー規制法違反とは、ストーカー行為罪と禁止命令等違反のことである。警察から警告を受け、裁判所から接近禁止命令が出されてもなお、ストーカー行為を繰り返す者がいる。

そして、被害者は男性（12.4%）に比べて圧倒的に女性（87.6%）が多い。しかし、男性もストーカーの被害にあっている。ストーカーの問題は女性だけの問題ではなく男性の問題でもあると考えられる。

また、被害者は10歳代から60歳以上までと広く分布している。恋愛感情や好意という気持ちは、どの年代でも起こりうると考えられる。ただし、20歳代が多いという特徴がある。

さらに、加害者の年齢は、被害者の年齢と同じように10歳代から60歳以上までと広く分布している。加害者の年齢は20歳代と30歳代が多いという特徴がある。

最後に、被害者と加害者の関係において最も多いのは交際相手（元含む）である（40.8%）。知人友人関係（12.6%）や勤務先の同僚など職場関係（12.1%）といった、被害者の身近な関係においてストーカー行為が行われている。一方で面識なしや関係不明もある。このように、被害者からすると誰にストーカーされているのかわからないということもある。

第3節　ストーカーのタイプ

ここまで全国の実態について警察庁の統計資料をもとに理解をしてきた。これらの数値をみて、ストーカーは自分の身の回りでは起こらないと考える人、ストーカーの被害の経験があるという人、自分がストーカーではないかと不安になる人などさまざまいることであろう。

では、なぜストーカーがいるのか。なぜストーキングが起こるのか。この問いに対する明解な答えを得るのはなかなか難しい。ストーカーという犯罪行為を理解する1つの視点に、どのような人物がストーカーになりやすいのかという問いがある。このことに対する研究も進められている。ここでは、そのひとつの答えあるいは捉え方について説明する。タイプ論的な理解である。タイプ論的な理解は、あたかもそのような人物が実在するかのように考えてしまうが、実際は、典型的な1つのタイプにすぎない。人を理解する時にタイプ論はわかりやすいが、タイプ論にあてはまらない部分があるのが人間である。タイプ論による理解に限界はあるが、理解のための手がかりにはなる。

ここで説明するのは、オーストラリアのビクトリア州メルボルンの研究者や関係機関が開発した、ストーキングの加害者のリスク評価手法「Stalking Risk Profile（SRP）」である（StalkInc, 2011b）。SRPでは、ストーカーには、拒絶型、憎悪型、親しくなりたい型、相手にされない求愛型、略奪型の6つのタイプがあるとされている。それぞれのストーキングの背景と特徴について警察庁の研究（警察庁生活安全局生活安全企画課、2015）とMullen, Pathé & Purcell（2000 詫摩監訳 2003）をもとに説明する（表2-2）。

1. 拒絶型

拒絶型は、親密な関係の崩壊を背景に発生すると考えられている。第2節の統計で理解してきたように、ほとんどのストーキングは、知人や親密な関係において生じていた。拒絶型は、元交際相手への復縁の期待からストーキングをする。しかし、復縁への期待が満たされず、被害者に怒りを向ける。このような被害者に相反する感情を抱く。また、DV傾向も指摘されている（DVにつ

表 2-2　ストーカーのタイプと背景や特徴（警察庁生活安全局生活安全企画課、2015）

拒絶型（Rejected）

拒絶型のストーキングは、親密な関係の崩壊を背景に発生する。通常、被害者は、かつて性的に親密な関係にあった者であるが、家族、親友及びストーカーと非常に近い関係にあった者もまた拒絶型のストーキングの標的になりうる。拒絶型のストーカーの当初動機は、関係を再構築しようとするか、被害者が拒絶したことに対して復讐をしようとするかのいずれかである。多くの場合において、拒絶型のストーカーは、被害者に対する明確な怒りを示し、復讐を望んだかと思えば、関係を取り戻そうとし、被害者に対する相反する感情を示す。ストーカーが被害者の近くにいると感じることを持続することによって過去の関係の代わりになる場合や、ストーキング行為によってストーカー行為者の傷ついた自尊心が救済され、自分自身についてよりよく感じられる場合は、ストーキング行為は持続される。

憎悪型（Resentful）

憎悪型のストーキングは、自分が酷い扱いを受けている、あるいは何らかの不正の被害者であったり屈辱を受けていると感じることで発生する。被害者は酷い扱いをしたとみなされた見知らぬ人か知人である。犯人が被害者に対して誇大妄想的に考えを広げ、被害者に対する「復讐の」方法としてストーキングを行う場合、重度の精神疾患が原因となっていることがある。ストーキングの初期動機は、復讐または「仕返し」への欲求であり、被害者の恐怖心から誘発される支配感と征服感とによって持続される。しばしば憎悪型のストーカーは、自身を迫害する個人又は組織に対する反撃としてのストーキングを正当化するため、自身が被害者であるかのように振る舞う。

親しくなりたい型（Intimacy Seeker）

親しくなりたい型のストーキングは、孤独感及び相談できる親しい相手の不在により発生する。通常、被害者は、ストーカーが関係性の構築を求める対象となる見知らぬ人か知人である。親しくなりたい型のストーカーの行為は、しばしば被害者に対する妄想観念（実際には被害者との間には何も無いにもかかわらず、既に被害者との間に関係があるというような考え（恋愛妄想））を含む重篤な精神疾患によって助長される。当初動機は恋愛感情と親密な関係を構築することである。ストーカーが他者と親密に繋がっているのだという確信からもたらされる満足感により、ストーキングは持続される。

相手にされない求愛型（Incompetent Suitor）

相手にされない求愛型のストーキングは、孤独感又は性欲を背景として発生し、見知らぬ人か知人を対象とする。しかしながら、親しくなりたい型とは異なり、その初期動機は恋愛関係の構築ではなく、相手と会うか、一時的な性的関係を得ることにある。相手にされない求愛型のストーキングは通常短期間であるが、その行為に固執する場合は通常、ストーカーが無分別であるか、被害者の苦痛に無関心であることで、ストーキングは持続される。このようなストーカーの無感覚は、自閉スペクトラム症や知的障害に起因する認知限界や社会的スキルの欠如に関係することが多い。

略奪型（Predatory）

略奪型のストーキングは、常軌を逸した性癖と興味を背景として発生する。通常、犯人は男性であり、被害者はストーカーが性的興味を抱いた見知らぬ女性である。ストーキング行為の多くは、性的な満足を獲得する手段（例：長期にわたる窃視）として始まるが、性的暴行の前兆として被害者に関する情報を獲得する手段としても使われる。この意味で、ストーキングは、普段用心をしていない被害者を対象として得られる支配感と征服感とを楽しむ手段であり、満足感でもある。

いては第3章を参照)。別れにおいて、多くの人は、犯罪に至らず諦めたり別の関係を求めたりする。あるいは関係性を振り返り反省し、今後の自分の人生に活かすなどのより健康的な行動を選ぶことができる。しかし、拒絶型のストーカーとなっていく人は、別れに対処できず怒りを募らせ、復縁への期待を持ちながら自分を怒らせた相手への復讐に意識とエネルギーを注いでしまっている。

2. 憎悪型

憎悪型は、先の拒絶型とは背景と特徴が異なる。恋愛や親密な関係の破綻が背景にあるというよりも、侮辱による憤りやうっぷんを他人への嫌がらせで発散する。被害者によっていまここで触発された無礼に対する報復ということよりもむしろ、ストーカーの人生の中で延々と繰り返された侮辱による憤りが触発されることで嫌がらせが行われる。それゆえに、被害者がストーカーに対して、侮辱したかどうかということについて、身に覚えがないこともある。被害者は、見知らぬ人か知人によってストーキングされていることすらある。被害者からすると、突然のストーキングに驚くであろうし、また誰がストーカーなのか特定できない恐怖がある。ストーキングによって被害者の恐怖が高まることで、ストーカーの支配感と征服感が高まり、憎悪が満たされることなくストーキングが続けられることがある。

確かに、不当な扱いを受けた時に、相手に対して仕返しをしたいと思うことがある。しかし、ストーカー行為のような犯罪はしない。法に触れる行為によって仕返しをするということを通常は考えない。

3. 親しくなりたい型

親しくなりたい型は、拒絶型や憎悪型のように、相手からの拒絶や憎悪が動機となっていない。また、恋愛妄想といった精神障害がある。親しくなりたい型は、孤独であり、他者との感情的なつながりが乏しい。実際は親密な関係ではないのに、親密な関係になっているという確信をもっている。また、つきまとっている相手も自分に好意をもっていると思い込んでいる。相手からのそっけない素振りにもかかわらず、その素振りを相手からの好意のサインと受け止めることがある。相手に手紙を届けるなどがストーキングになっているのにもかかわらず、相手に対する愛情表現と考えている。このような思い込みは、妄想と診断されることもある。つまり、親しくなりたい型の背景にある精神疾患による影響を考慮する必要がある。このような精神疾患があることで、ストーキングを持続してしまうケースがある。

4. 相手にされない求愛型

相手にされない求愛型は、親しくなりたい型に似ているが、精神疾患による影響はあまりない。相手にされない求愛型は、相手の立場を考えないで、自分の欲求に相手が答える義務があると考えている。相手にされない求愛型は、未熟な方法で求愛する。あからさまに性的なアプローチをすることもある。独りよがりで相手の気持ちや考えに無頓着である。仲良くなる方法が不適切にもかかわらず、繰り返しアプローチするのである。求愛だけでなく、人間関係における社会的なスキルが洗練されていない。一時的な性的関係を求めてのストーキングという特徴があることから、ストーキングの期間が短い。自閉スペクトラム症や知的障害に起因することが多いとあるが、障害があることが必ずしもストーカーとなることにつながるわけではない。適切な環境と社会的スキルの獲得が可能であれば、ストーキングを未然に防止できるかもしれない。

5. 略奪型

略奪型は、他のタイプと違って常軌を逸した性癖と興味を背景としている。性的逸脱者がストーカーになる。たとえば、レイプを目的に被害者をストーキング（監視）することがある。他には、窃視症（女性の裸をのぞき見することで性的に興奮する）の場合、のぞき見するためにストーキングを繰り返すことがある。他のタイプに比べて、ストーキングによって被害者に警告を与えることはほとんどない。そのため、被害者はストーカーに気がつきにくい。ストーカーが被害者を支配し征服することに満足を覚えるケースの場合、自分の身の危険が高くなる。自分の身を守るためには、普段から防犯意識を高め、用心し、ストーキングに気がつく必要がある。とはいえ、自分自身ではストーカーがどのタイプなのか判断できないことがある。そのため、このような略奪型とされるストーカーが存在するということを理解し、異変に気がついたらすぐに警察に通報したい。

第4節　ストーカーへの対策

日本では、「ストーカー行為等の規制等に関する法律」があり、ストーカー行為は法的に禁止されている。すなわち法律によってストーカーの被害を抑止あるいは予防している。しかし、法律でストーカー行為が禁止され、罰則規定があるにもかかわらず、ストーカーによる加害行為は起きており、法律によってすべてのストーキングを未然に防ぐことはできていない。そのため、われわれが日常生活の中で防犯を心がけることが重要と考えられる。

1. 過剰な接近欲求

ここで再び、ストーカー被害者・加害者支援の経験が豊富な小早川（2017）を引用してみたい。小早川（2017）は、「特定の相手に対する過剰な関心と過剰な接近欲求により無許可接近をする人」をストーカーと呼んだ。この接近欲求が強すぎるとその欲求を正当化する方向に思考が歪むと考えられている。思考が歪むというのは、自分の都合のよい解釈で考えてしまうということと考えてよいだろう。人は、自分の思考は自分の意思によるものだと感じていると思われる。しかし、この過剰な接近欲求に思考が支配されているとは考えられないだろうか。そして、この過剰な接近欲求の理由を後付けするかのように、思考していると考えることができるのではないか。ストーカーは、特定の相手に対する過剰な関心と過剰な接近欲求をコントロールできていない人とも考えられる。この過剰な関心と過剰な接近欲求が低下することで、思考が正常化される。つまり、ストーカーが自らの犯罪行為を止め、新たな人生に踏み出すためには、過剰な接近欲求を少なくする必要があるのではないだろうか。

2. 関係の明確化

ストーカーの過剰な接近欲求をコントロールすることは難しい。しかし、対策できることがあると言われている。ここでも、小早川（2017）を引用して考えていきたい。

小早川（2017）によると、曖昧な関係にしないということが重要である。曖昧な関係にしないためには、「ポジショニング」、「コミットメント」、「リミット」という3つのポイントがある。

1つ目は、「ポジショニング」である。これはお互いの存在や立場をしっかりと明確にするということである。関係は単なる知人なのか、職場の同僚なのか、恋人なのか、セックスフレンドなのか、あるいはファンなのか、師匠と弟子の関係なのか、親代わりなのか、ビジネスパートナーなのかなど、どういう関係なのかを明確にすることが重要である。

2つ目は、「コミットメント」である、これは、大切にしていることは何かということを明確にするということである。仕事を大切にしているのか、家庭を大切にしているのか、一人でいる時間を大切にしているのかなど、自分が何を大切にしているのかを明確にすることで、相手との曖昧な関係についてメリハリをつけることができる。

3つ目は、「リミット」である。これをしたら関係は終わりだということを明確にすることであり、自分にとって嫌なことを明確にすることである。たとえば、相手が暴言を吐くこと、相手が暴力を振るうこと、携帯電話を盗み見すること、親の悪口を言うことなどである。

以上、3つのポイントをみてきた。ポジショニング、コミットメント、リミットというのは、ストーカーの被害・加害関係に限らず、通常の人間関係で大事にすべき観点であろう。なぜなら、関係をあいまいにしたままつきあいを続けると、相手に裏切られたなどの怨根の感情を抱かせることにもなりかねない。たとえば、師匠と弟子のような関係であるのに、性的な関係を含めた親密な関係になった場合、お互いの関係があいまいな状態になる。あいまいな関係のまま、金銭や性的欲求の満足などのメリットを享受するという関係を続ける場合もあるだろう。このような関係は搾取であり、そもそも健全な人間関係とは言えない。節度ある関係とはよく言われることであるが、ポジショニング、コミットメント、リミットとは、人として倫理的な関係を形成・構築していくことである。ただし、被害者側が倫理的な関係を形成・構築したいと考えて、正当なポジショニング、正当なコミットメント、正当なリミットをしていたとしても、加害者が正常な思考で倫理的に対応してくるとは限らないところに、問題の難しさがあることを心に留めておきたい。ポジショニングを明確にするためには、自分自身が何にコミットメントしているのか、何を大切にしているのかを明確にしなければならない。

3. 交際中の留意点

ストーキングは、恋愛関係や親密な関係において発生している。そして、その関係が破綻した時、あるいは破綻しそうな時にストーキングという現象が生じている。Mullen, Pathé & Purcell（2000 詫摩監訳 2003）は、交際相手がストーカーになりかねないかを見きわめるサインについて述べている。すなわち、所有欲、過剰反応、甘え症、嫉妬、極端な献身と狂ったような拒絶の往復といった情緒の不安定さである。これらのサインは未来のストーカーによくみられる属性であると述べている。

ストーカー被害の予防という観点から、交際中に留意することについて小早川（2017）は以下の6つを挙げている。

①金品の貸し借りをしない。
②どんなことでも約束しない。
③避妊する。
④過去の異性関係は言わない、聞かない。
⑤人の悪口は言わない。
⑥（性的な）写真や動画を撮らせない。

まず金品の貸し借りはしない。金品の貸し借りが問題とならなければよい。しかし、とくに関係を終わらせることを考えている場合は、金品の返却ができていないことで、相手に会う理由を与えてしまうことになる。あるいは、相手から返却してもらえないという恨みをかってしまうことにもなりかねない。だから、金品の貸し借りはしない方がよい。

次にどんなことでも約束はしない。たとえば、結婚をするとか一緒に旅行をするとか口約束をすることがある。しかし、将来に関する約束を果たせないことがある。自分たちの関係を明確にしないまま約束をしてしまうことによって、ストーカー事案につながっていくことも考えられる。つまり、約束を破った相手が悪い、という怨恨の感情を募らせるきっかけとなるのである。

3番目に男女関係においては避妊をする。妊娠をするということをきっかけにその関係から逃れられなくなるということがある。避妊などの責任を果たせないパートナーとの交際は、そもそも個として尊重するような関係ではないと考えられる。相手の人権を尊重しているのかどうかを疑わなければならないだろう。避妊をしてくれない恋人やパートナーと交際している人は、その関係を見直した方がよい。なお、性感染症予防への協力も同様である。

そして、過去の異性関係を言わない・聞かない。過去の異性関係は、相手に対する過剰な接近欲求を触発させる可能性がある。過去はどうであれ、現在の相手との関係があいまいになっていないかどうか、しっかり向き合うことが重要である。

また、人の悪口は言わない。恋人やパートナーに対してだけでなく、その家族や親戚、友人の悪口は言わないことである。悪口があったことによって怨恨の感情を増幅する可能性がある。

最後に、性的な写真や動画を撮らせない、ということである。親密な関係になってくると相手の写真が欲しいという気持ちは当然起こりうるものである。しかし、関係が破綻した時、写真や動画が性的なものであれば、それを公開されるおそれ（リベンジポルノ）があることも考慮しなければならない。

出会いがあれば必ず別れがある。別れることを念頭に交際するというのは難しい。そうではなく、人がつきあうということは、相手を個として尊重するという態度を示すことである、と考えてみよう。相手を個として尊重するという態度でつきあうということは、日常において曖昧な関係になっていないかどうかを意識しながら過ごすことである。

4. 別れたくなった時の対処

もし、恋人やパートナーがストーカーになるのではないかという不安があり、相手と別れたくなった時には、以下のことに留意するとよい（小早川、2017; Mullen, Pathé & Purcell, 2000 詫摩監訳 2003）。

Mullen, Pathé & Purcell（2000 詫摩監訳 2003）は、つきあいをやめたいのであれば、「止める」と率直かつきっぱりと告げること、と述べている。その理由は、ストーカーの多くは社交性に劣り、社会的なしぐさを理解する力もないため、より率直かつきっぱりとした態度をとる必要があるからだと述べている。また、つきあいを止めることを告げるときには、公共の場か安全な場所で行い、直接、相手に伝えることを推奨している。その理由は、相手に「電話なんか知らない」「何を言いたいのかわからなかった」などの反論の機会を与えるからである。小早川（2017）も、別れるのであれば、会う回数を少しずつ減らしていき、電話ではなくメール等にすることで、そのやりとりを文章として残すことを推奨している。その時に第三者に読まれても大丈夫なことだけを書く。つまり、文面の中で相手を脅さず、暴言を書かない。それからニックネームで呼び合うのをやめて、相手の苗字で呼ぶ（書く）ようにする。あるいは敬語を使うということである。Mullen, Pathé & Purcell（2000 詫摩監訳 2003）も、相手の恨みや怒りを助長せず、体面を傷つけないよう配慮する必要がある、と述べている。

別れたいと伝えた後に、Mullen, Pathé & Purcell（2000 詫摩監訳 2003）は、相手とそれ以上話し合って相手に反論する余地を与えないこと、また言い争いや交渉などはもってのほかである、と述べている。たとえば、「今はおつきあいする気はないの」のような説明をすることで、相手に「ひょっとしたらいつかはその気になってもらえるかもしれない」と思わせてしまう。もっと悪いのは「今つきあっている人がいるから」と説明することで、失意のストーカーは自分の前に立ちはだかる人物を排除しようと行動にでることはよくあることだと述べている。さらに「相手をゆっくり失望させる」やり方はよくない。これは関係を長引かせていることになる。このようなやり方によって、相手に希望を与え、相手をひたすらしつこくさせる。小早川（2017）は、別れることについては相手からの同意は必要ない、と述べている。相手の話を聞くためであれば、自分の味方になってくれる人を代理として立てるとよい。さらに、最後に一度会いたいと言われることがあっても、会ってはならない、と述べている。会わないとよけいに要求がひどくなることを懸念するかもしれないが、相手が過剰な接近欲求をコントロールできないタイプの場合、会うことでさらに接近欲求を高める機会を与えることになりかねないのである。また、もし相手が恨みを募らせている場合、最後に一度会いたいというその機会が、自分に危害を加える機会となる可能性がある。だから、別れを告げた後は、会わない方がよいのである。さらに、StalkInc（2011a）によると、被害者だけでなく関係者全員が、ストーカーとの接触をさけるよう警鐘している。関係者がストーカーにやめるよう訴えたり、脅迫したり、挑発に報復したりしないことが重要である。ストーカーに立ち向かうのは警察だけであるべきとしている。もしストーカーと偶然接触した場合、被害者は感情を表に出さず、できるだけ早くその場から立ち去るべきと述べている。ストーカーが近づいてきたら、最寄りの店舗や会社に避難し、警察の緊急電話番号に電話するよう指示している。このように接触の機会を無くすのにはストーカーからの直接的な被害を避けるだけでなく、ストーキングを無くすためでもある。つまり、ストーカーとの接触は、とぎれとぎれであってもストーキングを強めてしまう。Mullen, Pathé & Purcell（2000 詫摩監訳 2003）は、被害者への電話攻勢の例を挙げている。被害者が電話にでなければストーカーはあきらめる。しかし、被害者が耐え切れず電話に出てしまえば、ストーカーの方は「がんばってよかった」、「おかげで声が聞けた」とご褒美をもらったようなものである。これは応用行動分析から説明できる。つまり、何度も電話をかける行動が被害者の反応を得るという強化子によって続けられる。電話のほかにも、被害者を煽り立て、被害者の信用を傷つけ、惨めな境遇に陥れようとして被害者と接触しようとするのである。被害者の安全をはかり、ストーキングを止めさせるには、接触しないのが原則である。

この他にも具体的な対処がある。小早川（2017）によると、相手の所有物はどんなゴミのようなものでも捨ててはならない。たとえば、親の形見であったと後から言われることもあるようである。したがって、相手の所有物は捨てずに残しておくのである。また、金品の貸し借りがある場合は清算しておく。このような対処法があることで、ストーカーが被害者と接触する機会と所有物や

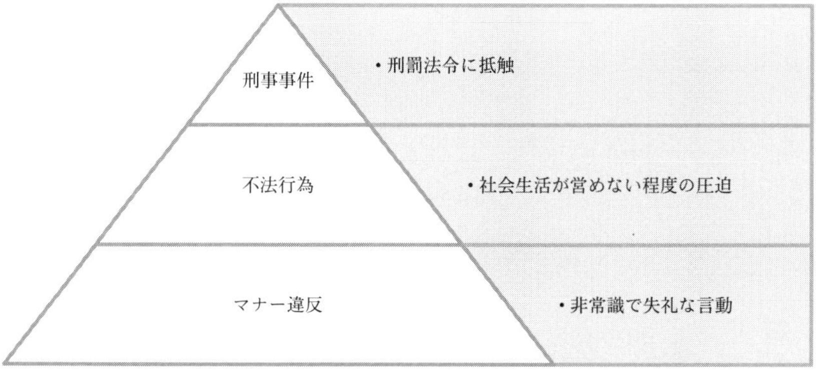

図 2-1　ストーキングの被害の程度　小早川（2017）を参考に作成

金銭に関する交渉機会を減らせる。ストーカーの被害感情を再燃させないための工夫であろう。

5. ストーキングの被害の程度

ここでストーキングの被害の程度について整理してみたい。自分の直面している事態が、ストーキングの被害なのかどうかを理解することは防犯するためには必要な知識である。小早川（2017）では、ストーキングの被害は3段階で整理されている。被害の程度が軽い順に、マナー違反、不法行為、刑事事件となっている（図 2-1）。

マナー違反は、被害者に対して非常識で失礼な言動でバカなどの悪口を言うことである。ハラスメントを含めるとマナー違反と認識できる状況は多いと考えられる。次に不法行為である。被害者が生活に支障をきたし、社会生活が営めないような行為・圧迫のことであり、実態的な苦痛や精神的な苦痛がある状態である。最後の刑罰法令に抵触する段階は、自分に危険が及んでいる状態である。最悪の場合、殺人事件となる。このようにマナー違反から、不法行為、刑事事件と段階が進むにつれて、その内容の深刻さが増す。マナー違反のレベルだからといって安心はできない。マナー違反から不法行為へ、不法行為から刑事事件へと行為がエスカレートする可能性が考えられる。自分の気持ちに向き合い、嫌な感じ、逃げたい感じ、怒りや恐れ、不安感、抑うつ感がある場合、すでにマナー違反が生じている可能性を疑うとよい。防犯意識を高めて、マナー違反がある段階で、自分と相手との関係をどうするのかということを曖昧にせずに明確にするということが重要である。もし、不法行為や刑事事件の段階であれば、すでに危険な状態にあることを自覚し、警察などの第三者に助けを求めるとよい。

6. ストーキングの防犯と相談支援

リスクのある時点から早期対応するということがとても重要である。マナー違反（たとえば、ハラスメント）や不法行為（たとえば、ストーキング）の被害に対して、「自分さえ我慢すればよい」「そのうち相手が諦める」「私が悪口を言ってしまったから」などと考えて、リスクがあるにもかかわらず、そのリスクを甘く見積もってしまうことがあるかもしれない。しかし、被害がより深刻になる前に、自分の気持ちに向き合い、その相手の行為に対して恐怖や不安を感じたら、迷わず警察に相談することが重要である。不安は、自分の身を守る際のサインである。被害に関する不安があれば相談してほしい。警察等に相談しても、わかってくれず、事態を軽く見ていると感じた場合は、相談した警察署（あるいは交番）とは別の警察署に相談に行くとよいであろう。なぜなら、警察官によってストーカー行為の認識にばらつきがあるからである（小早川，2017）。よって、別の警察署に駆け込むということは選択肢の中に入れておかなければならない。そして、身の危険を感じるときは、躊躇なく110番通報をするとよい。また、警察機関には、犯罪被害者を支援する部門がある。さらなる被害から身を守るために、警察力を頼ることが肝要である。

第5節 まとめ

本章では、ストーカーとは何か、ストーカー被害の実態はどのようになっているか、ストーカーはどのような人物か、ストーキングの被害から自分の身を守るためにはどうすればよいのかについてみてきた。ストーカーの背景と特徴については、5つのタイプ（拒絶型、憎悪型、親しくなりたい型、相手にされない求愛型、略奪型）を紹介した。さらに、ストーカーの被害者・加害者支援の経験の豊富な支援者が提言するストーカー対策について紹介し、被害にあわないように日常における留意点について説明してきた。

親密な関係あるいは恋愛関係の破綻をきっかけにストーカー犯罪が発生していることがわかった。人には、親密になりたい欲求や相手に近づきたい欲求が備わっている。この気持ちを満たそうとして犯罪となることがある。人を求める気持ちの歪みとその欲求を満たそうとする方法が違法行為となる。それがストーカー犯罪である。

引用文献

警察庁生活安全局生活安全企画課（2015）．平成26年度ストーカー加害者に対する精神医学的・心理学的アプローチに関する調査研究（Ⅰ）報告書　Retrieved from https://www.npa.go.jp/safetylife/seianki/stalker/H26_researchreport.pdf　2019年9月19日

警察庁（2021）．ストーカー・DV等　Retrieved from https://www.npa.go.jp/publications/statistics/safetylife/dv.html　2021年5月12日

小早川明子（2017）．ストーカー――普通の人がなぜ豹変するのか　中央公論新社

Mullen, P. E., Pathé, M., & Purcell, R.（2000）. *Stalkers and their victims*. Cambridge University Press.（ミューレン，P. E, パテ，M. パーセル，R. 詫摩武俊（監訳）（2003）. ストーカーの心理―治療と問題の解決に向けて―　サイエンス社）

StalkInc（2011a）. General advice for victims. Stalking Risk Profile. Retrieve from https://www.stalkingriskprofile.com/victim-support/general-advice-for-victims（November 24, 2023）

StalkInc（2011b）. Types of Stalking. Stalking Risk Profile. Retrieve from https://www.stalkingriskprofile.com/what-is-stalking/types-of-stalking（November 24, 2023）

第3章 デートDV

第1節　DV・デートDVとは

DVとは、英語のDomestic Violence（ドメスティック・バイオレンス）を略して表記したものである。ドメスティック・バイオレンスの用語については実は明確な定義はないとされている。配偶者や恋人など親密な関係にある、またはあったものから振るわれる暴力という意味で使用されることが多い。とくに、恋人関係におけるDVはデートDVと呼ばれており、10代や20代の若者でも生じている。

日本では、配偶者からの暴力を防止し被害者の保護等を図ることを目的として「配偶者からの暴力の防止及び被害者の保護等に関する法律」が制定されている。いわゆる、DV防止法である。この法律は、2001年に制定された。この法律は、暴力をした者（加害者）について、暴力を振るわれた相手（被害者）に対して接近禁止命令あるいは退去命令をすることができる。加害者は被害者に近づき、再び暴力を振るうことが多い。したがって、被害者への接近を禁止し、現在住んでいる住居から退去させるなどの被害者の保護が優先されるのである。被害者への接近禁止命令の有効期間は6か月間で、令和6年4月からは1年間に伸張する。退去命令は2か月間となっている。この間に被害者は暴力から保護されると同時に、自立支援を受けることができる。男性・女性を問わず加害者から逃れる手段を見つけ、加害者に経済的に依存している人は自分で生活していくという自立を目指すのである。このように、DV防止法は家庭内における暴力の防止と被害者の保護を目的とした画期的な法律なのである。なお、この法律における配偶者による暴力とは、婚姻関係だけでなく、事実婚や元の配偶者からの暴力のことも指す。また、生活の本拠を共にする交際相手からの暴力も含んでいる。生活の本拠を共にするというのは、いわゆる同棲（共同生活）であり、被害者と加害者が生活の拠り所となる住居を共にする場合である。生活の本拠を共にする交際相手（元交際相手含む）からの暴力も対象となっていることから、恋人関係におけるデートDVであっても保護の対象となる場合がある。

生活の本拠を共にする交際相手（元交際相手含む）からDVを受けている場合は、DV防止法に基づく接近禁止命令あるいは退去命令によって被害者を保護できる。しかし、加害者と生活の本拠を共にしていない場合（外形的な客観的な判断による）、被害者の接近禁止命令あるいは退去命令では対応できない。もし、つきまとい等のストーカー行為がある場合はストーカー規制法で対応できる場合がある。警察からストーカー行為をやめるようにと警告を発し、その警告に従わない場合は、その行為の禁止命令を出すことで対応できる。デートDVにおいては、DV防止法では十分に保護されない場合があり、ストーカー規制法による保護を活用することになる。デートDVの被害者の法的保護についてさらに検討する必要がある。

第2節 DV・デートDV被害の統計的実態

ここからはDVの実態について理解するために、警察庁（2021）の統計「配偶者からの暴力事案等の被害者・加害者の状況等について」をみていく。DVの被害者は男性（23.6%）よりも女性（76.4%）に多い。デートDVについては、内閣府（2018a）が「男女間における暴力に関する調査」として行っている。交際相手からの暴力の被害経験の有無について、“身体的暴行”、“心理的攻撃”、“経済的圧迫”、“性的強要”の4つの行為をあげて、被害を受けたことがあるかを質問した。その結果、4つの行為のいずれかについて交際相手から被害を受けたことがある人（「10歳代にあった」「20歳代にあった」「30歳代以上にあった」のいずれかを回答した人の合計）は、16.7%で、女性が21.4%、男性が11.5%であった。つまり、女性の約5人に1人は交際相手からDVの被害を受けたことがあると考えられる。

ふたたび警察庁（2021）の統計を見ていこう。被害者で多いのは20歳代と30歳代である。一方で、被害者は10歳代から60歳以上までと広く分布しており、どの年代にもDVの被害者がいる。

被害者と同様に加害者でも多いのは30歳代であり、その次に20歳代や40歳代が多い。分布も10歳代から60歳以上までと広く、どの年代にもDVの加害者がいる。

加害者と被害者の関係では、婚姻関係が最も多く、74.8%であった。次に、生活の本拠を共にする交際をする関係（元含む）が多く、17.6%であった。内縁関係（元含む）は7.6%であった。先述した内閣府（2018a）による「男女間における暴力に関する調査」において、交際相手と同居した経験（いわゆる「同棲経験」）がある人（250人）に、その同居の際の被害経験を質問した。その結果、4つの行為のいずれかについて交際相手から被害を受けたことがある人は42.8%で、女性が57.4%、男性が27.3%であった。つまり、同居経験のある人で被害経験もある人は、女性の場合、約2人に1人であった。このような実態があることを認めたうえで、DVを社会問題として認識し、暴力が禁止されていることを徹底的に啓発し、その解決に取り組む必要がある。たとえば、暴力に代わる方法を身につけるための効果のある心理教育の開発や普及などが求められる。

第3節　暴力の本質は支配

多くの社会で暴力は禁止されている。刑法に暴行罪があるように人に危害を加える行為はしてはならない。暴力の恐ろしさは、人に怪我を負わせたり人の命を奪ったり人の心に大きなダメージを与えるということである。そして、人は相手を支配する方法として暴力を使用すると考えられている（須賀、2017）。

体罰を例に考えてみよう。体罰は、力が強い者や権力がある者が自分の意に相手を従わせるために用いると考えられる。体罰を行う理由に、生徒の教育的指導のためや子どものしつけのためというものがあり、これらの目的を達成するために体罰を用いている。しかし、体罰を用いる心理的な背景に、自分の思いが通じない怒りや相手を支配し、コントロールしたいという欲求があるのではないか。いじめも、体罰と同じく暴力によって相手を支配することである。

また、各種のハラスメントも同様に相手を支配することではないだろうか。大学では、アカデミック・ハラスメントがある。アカデミック・ハラスメントとは、大学の先生から学生に対して、教育的な指導の関係のなかで、ハラスメントが起こることである。それから職場でもハラスメントが起こる。これらのハラスメントに性的な言動や行為が含まれ、相手を傷つけ、不快な気持ちにさせるとセクシャル・ハラスメントとなる。これらのハラスメントは、人間関係の中で生じるものであり、言葉の暴力による支配であり、相手を支配しようとする類のものと考えられる。

デートDVにおいても相手を支配するために暴力が使われている。たとえば、加害者は暴力の原因が被害者にあると思わせることがある。「おまえがバカだから（叩いて、あるいは叱って）教えてやっている」「（叩いたのは、あるいは怒鳴ったのは）あなたが悪いこと（嘘、約束の反故など）をしたからだ」などと言うことがある。これは暴力による支配である。このような恐怖を感じさせる態度で、何度も言われているうちに、被害者は自分に原因があると思わされる。たしかに、客観的に判断して被害者が悪い場合もあるだろう。しかし、必ずしも被害者にのみ非があるわけではない。そして、どんな理由であっても暴力を振るうことは許されない。

第4節　暴力の形態

暴力の形態には、身体的暴力、精神的暴力、性的暴力があるとされている（内閣府、2018b）。また経済的暴力という概念が用いられることもある。以下、内閣府（2018b）で記載されている具体例について考えてみたい。ただし、これらはあくまで相談の対象となりうるものであり、すべてがDV防止法における「配偶者からの暴力」に該当するとは限らない。

1. 身体的暴力

身体的暴力は、殴ったり蹴ったりするなど、直接何らかの有形力を行使するものである。刑法第204条の傷害や第208条の暴行に該当する違法な行為であり、たとえそれが配偶者間で行われたとしても処罰の対象となる。

具体的には、平手で打つ、足で蹴る、身体を傷つける可能性のあるもので殴ること、刃物などの凶器をからだにつきつける、髪をひっぱる、首をしめる、腕をねじる、引きずりまわす、といったことが身体的暴力とされている。

身体的暴力について考えてみよう。叩くなどの有形力を行使した場合は身体的暴力である。では、冗談のつもりで手をはたいたり、おでこを軽く叩いたり、肩を軽く叩いたりするのはどうであろうか。もし、相手が痛みを感じたり、叩かれることにおびえたり、不快な気持ちがある場合は、それは身体的暴力である。

2. 精神的暴力

精神的暴力は、心ない言動等により、相手の心を傷つけるものである。精神的暴力の結果、心的外傷後ストレス障害（post-traumatic stress disorder: PTSD）などの精神障害に至れば、刑法上の傷害罪として処罰されることもある。

具体的には、「うるさい」などと大声で怒鳴る、「誰のおかげで生活できるんだ」や「かいしょうなし」などと言う、実家や友人とつきあうのを制限したり、電話や手紙を細かくチェックしたりする、何を言っても無視して口をきかない、人の前でバカにしたり命令するような口調でものを言ったりする、大切にしているものをこわしたり、捨てたりする、生活費を渡さない、外で働くなと言ったり、仕事を辞めさせたりする、子どもに危害を加えるといっておどす、なぐるそぶりや物をなげつけるふりをしておどかす、といったことが精神的暴力とされている。

精神的暴力の中には明らかに暴力であると考えられるものがある。一方で、これが精神的暴力になるのかというようなものもあるかもしれない。たとえば、人の前で馬鹿にするというのはどうだろうか。人の前で人格を辱めるように「お前はバカだ」と言われた経験や言った経験がある人がいるかもしれない。これは精神的暴力だろうか。また、命令するような口調はどうであろうか。物事を決める時に、相手の気持ちを尊重せずに決めていないだろうか。確かに、相手に同意を求めたうえで決定したのであれば、精神的暴力ではないかもしれない。しかし、その同意を求めるという外形的なやりとりの背後に、相手を支配するといった関係性が固定化しているということは考えられないだろうか。別の例であれば、相手の提案や考えなどについて、「でも、それは違うんじゃない」「あなたが間違っているんじゃないの」「やりかたがおかしくないか？」「得があるのになぜそうしないの？」といったような否定で応答することがパターン化し、固定化する場合がある。このような場合、相手は自分を否定されている気持ちになり、自信を失い、気分が落ち込むようになることがある。否定しているつもりなく、つまり、自覚なく、相手とのコミュニケーションのなかで精神的に傷つけていることや傷ついていることがあるということに留意したい。

3. 性的暴力

性的暴力は、嫌がっているのに性的行為を強要する、中絶を強要する、避妊に協力しない、見たくないのにポルノビデオやポルノ雑誌をみせるといったものである。夫婦間の性交であっても、刑法第177条の強制性交等罪に当たる場合があるとされ、夫婦だからといって、暴行・脅迫を用いた性交が許されるわけではない。

相手が嫌がっているのに性行為を強要することはあり得ないと考える人がいるかもしれない。あるいは、嫌ならば拒否すればよいと考える人がいるかもしれない。しかし、親密な関係において、性行為を拒否することで相手が不機嫌になる様子をみて、自分は嫌だけども相手に応じて性行為をするということが起こり得る。性行為を求めた当人は、相手の本当の気持ちを理解できずに、自分の要求に応えてくれたと勘違いしているかもしれない。このように当事者のどちらか一方の気持ちが尊重されない関係というのは、相手を支配するといった関係の連続線上にあるのではないかと考えられる。とくに、関係性において、力の弱い人の気持ちを尊重し、関係の中に支配的な要素が入り込まないような努力が必要ではないだろうか。個々の人権を保障するという強い姿勢が求められるのである。

4. 経済的暴力

生活費を渡さない、もしくは仕事を制限するといった行為は、経済的な暴力と分類される場合もある。須賀（2017）によると、経済的暴力は、お金を巻き上げる、貸したお金を返さない、働くことを許さない、いつもおごらせる、などの行為である。お金に関わる支配と被支配の関係にも留意する必要がある。

もし夫が妻に働くことを許していないのであれば、「働くことは許されない」ということを、いろんなやり方で伝えていると考えられる。たとえば、専業主婦になって「家のことをしっかり守ってほしい」とか、「君がいつも家にいてくれてうれしいよ」とか、「自分がたくさんお金を稼いで、君には楽をさせてあげたい」とか、「子どものために母親が毎日家にいてほしい」とか様々な言い方をするだろう。しかし、その言動の本質に相手を支配するといった要素がないか、つまり、相手をコントロールする手段となっていないかどうかを検討することが重要である。

親密な関係において、さまざまな暴力があることが理解できる。このような身体的暴力、精神的暴力、性的暴力、経済的暴力があるということを直視し、暴力に対する感受性を高めておく必要がある。日常の些細な出来事の中に、暴力の本質である相手を支配する事態が紛れ込んでいるということを理解したい。

第5節　加害者

ここまで暴力の形態をみてきた。読者の中にはどういった人が暴力を振るうのか、加害者とはどういった人物なのかについて関心を持った人がいるだろう。では、加害者にはどのような特徴があるのだろうか。ケンカをよくする人だろうか。人間関係がうまくいかず、迷惑をかけている人だろうか。実は、暴力を振るう加害者については、一定のタイプはないと考えられている（内閣府、2020）。具体的には、年齢や学歴や職種に特徴はない。たとえば、年齢が若い人に暴力を振るう人が多いのではないかとか、50代に多いのではないかというような特徴はないのである。学歴が低い人だけが暴力を振るうということもなく、学歴が高く非常に優秀な人であっても暴力を振るう。社会的に温和な人と認められた人でも、家庭内では暴力を振るうことがある。どんな職種であっても、暴力を振るう人はいる。そして、年収が低い人ほど暴力を振るうということもない。このように、暴力の実態を紐解いていくと、暴力を振るう加害者については一定のタイプはないと考えられているのである。われわれは年齢や学歴や職種や年収といったものから、その人がどんな人なのかを推測しがちである。しかし、これらの特徴からその人が暴力を振るうかどうかは予測ができない。

加害者の中には家庭という密室の中でのみ暴力を振るう人がいる。人当たりが良く、社会的な信用もあり、周囲の人からは「家で妻に対して暴力を振るっているとは想像できない」と思われている人が加害者となっていることがある。家庭内や親密な関係における暴力というのは、潜在化しやすい。だからこそ、人あたりがよい人であっても、家族に暴力を振るっているということが実際には起きている、ということを深く理解したい。

アルコール依存や薬物依存といった精神障害が関連して暴力を振るうと考えられる人もいる。精神障害の症状、たとえば、イライラ、激怒などによって暴力が生じやすいと考えられる。したがって、暴力を止めるためには、依存症など精神障害の治療が必要なのである。

第6節　被害者

1. 被害者の心理

次に被害者の心理について見ていく。被害者には恐怖感、無力感そして複雑な心理が生じる（内閣府、2020）。

恐怖感については、「逃げたら殺されるかもしれない」という強い恐怖から家を出る決心がつかないことがある。周りの人は「なぜ逃げないのか」「離婚すればいいんじゃないか」「別れればいいんじゃないか」のように善意からの助言をする。しかし、被害者の立場からは、まるで被害を受けた自分を悪者扱いにしているかのように思ってしまうことがある。被害者は、恐怖で逃げられないのである。だから、第三者の助けが必要な事態に陥っていると考えてほしい。

無力感とは、被害者は暴力を振るわれ続けることによって、たとえば「自分は夫（あるいは恋人）から離れることができない、そういう人間なんだ」や「助けてくれる人は誰もいない」といった無気力状態に陥ることである。これは、周りの人からすると、被害者のポジションに自分を置いてしまっている、と見える可能性がある。しかし、暴力の被害に曝されている人は、恐怖感や無力感によってその暴力から逃れられないという状態になっていると考えられる。心身の健康的な力が残っている人であれば、このような人権侵害の状態から逃げ出そうと考えることができる。しかし、暴力の被害者は、逃げることをあきらめてしまい、問題視したり、考えたりすることすらしなくなってしまう。

複雑な心理とは、たとえば、「暴力を振るうのは私のことを愛しているからだ」という理由づけをすることである。しかし、愛と暴力は全く異なるものである。愛しているのであれば暴力を振るわない。愛することと暴力とは併存させてはならない。加害者の中には「お前が悪い。お前を妻（あるいは彼氏・彼女）としてしつけるために叩いているのだ」と理由づけをしながら暴力を振るう者がいる。妻は夫の所有物ではない。恋人も同様に所有関係ではない。また、夫婦関係や恋愛関係であろうとそうでなかろうと、人に対する暴力は禁止されている。しかし、被害者は暴力による支配から逃れられずに、誤った信念を持つようになることがある。また、「いつか変わってくれるのではないか」との思いから被害者であることを自覚することが困難になっていることがある。被害者は、「私が悪い。私が変われば恋人は暴力を振るわなくなる」と考えるようになる。しかし、どんな理由であっても暴力を振るうことはしてはならないし、親密な人間関係における暴力は必要ない。先述したように、暴力の本質は相手を支配することであり、暴力を行う理由のほとんどは、加害者が被害者を支配することに関係すると考えられる。その暴力は加害者の欲求を満たすためや、加害者が居心地のいいようにしたいという欲求を満たすために振るわれているのではないか、という疑いをつねに持つ必要がある。

以上のように、暴力によって被害者は、恐怖感、無力感、複雑な心理を抱きながら、苦しんでいるのである。

2. 被害者の社会的関係

被害者は社会的な存在である。そうした面での問題として、経済的問題と子どもの問題があり、加害によって多くのものを失うと考えられている（内閣府、2020)。

結婚や恋愛関係において、配偶者や恋人の収入がなければ生活が困難な人がいる。このような場合は、今後の生活を考えると暴力があっても逃げられない。経済的に自立しようとしても、「お前は仕事に向かない」「役に立たない」「家事もろくにできないのに、仕事ができるわけがない」など精神的暴力によって追いつめられ、ますます、力をそがれる状況に陥ることがある。加害者は、そもそも経済的に自立する力が弱いパートナーと親密な関係を結ぶことがあるし、被害者が仕事をしていたとしても、次第に仕事を辞めさせたり、常勤から非常勤、あるいはパート勤務にさせたりすることが考えられる。また、加害者は被害者に対して、仕事を通した人間関係を制限したり、友人や仲間との関係を制限したり、親戚との関係を制限するような言動をするようになることもある。このような暴力の関係に陥ることで、経済的に自立する力がそがれてしまう。

子どもの問題とは、被害者に子どもがいる場合、子どもの安全や子どもの就学の問題などが気になり、逃げだせないということである。自分が逃げた後に、残された子どもに加害が向けられるのではないか、万が一、逃げ切れない場合、子どもへの加害が始まってしまうのではないか、などを心配する。また、子どもの就学の問題では、子どもが転校しなければならず、子どもから友達を奪ってしまうのではないかと心配することもある。だから、被害者は逃げることに踏み切れないということが起こる。被害者が逃げ出さない理由には、このような被害者の社会関係もある。逃げたくても逃げられない事情がある。

上記の他に、自分の仕事を失うということもある。自分の仕事を辞めないと、配偶者や恋人が職場に現れ、避難した新しい居場所を突き止められて無理やり連れ戻されたり、ストーキングの被害に発展したり、その場で暴力を振るわれたりすることがある。仕事についている人は、職場を変えなければ安全で安心した生活ができない。また、これまで築いてきた地域社会での人間関係などを失うことにもなる。その地域に子どもの頃から暮らしていれば、古くからの友人関係を失うし、親戚との関係を失う。なじみの店に通うことができなくなり、話し相手を失うことになる。子育てを通して得た友人も失うことになる。被害者に大切なものであればあるほど、その喪失体験は大きな衝撃となり得るのである。被害者は、暴力によってさまざまなものを失うという問題を抱えているということが理解できる。

3. 被害者の心の傷

暴力が被害者に与える負の影響の1つに心的外傷後ストレス障害（post-traumatic stress disorder: PTSD）というものがある。心的外傷後ストレス障害とは、地震や台風といった自然災害、航空機事故や鉄道事故といった人為災害、強姦や強盗や誘拐や監禁などの犯罪被害等の後に生じる特徴的な精神障害である（内閣府、2020）。この障害は、こうした重大な原因だけではなく、配偶者や恋人からの繰り返される暴力の後に発症することもある。PTSDになると、社会生活が営めなくなることがある。

DVによるPTSDの症状は、侵入症状、回避症状などがある。侵入症状の例は、自分が意図しないのに、相手から暴力を振るわれている場面などを思い出してしまうことである。その時に感じた苦痛などの気持ちが生々しく感じられることがある。回避症状の例は、その時の体験を思い出すような状況や場面を意識的または無意識的に避け続けることである。たとえば、暴力の被害にあった場所に近づかないことである。また、暴力を振るう配偶者や恋人によく似た人がいた場合、その人とのつきあいを避けることなどである。当然、その人は暴力を振るった配偶者や恋人に似ているだけであって、本人が暴力を振っているわけではない。しかし、似ているということを認知すると、その人と一緒に仕事ができなかったり、社会的活動ができなかったりするということがある。被害者にとっては、そばにいるだけで苦痛なのである。さらに、物音や刺激に対して過敏に反応して不眠やイライラが続くことがある。DVの被害者の中には、このような特徴のあるPTSDになり、日常生活で苦しみを抱え、仕事を続けられないという人もいる。暴力をふるう加害者が被害者に与える影響は、その時の暴力による傷だけでなく、後の生活にも悪い影響を与えるものだということを理解したい。われわれは加害者にも被害者にもなってはならない。そうならないように、親密な人間関係において、暴力ではなく相手を尊重する考え方と方法を身につけなければならないのではないかと考えられる。

第7節　デートDVに気がつこう

デートDVという言葉があることはすでに述べた。これは恋愛関係におけるDVということである。ここでは、デートDVの加害者や被害者にならないようにするために気をつけなければならないことについて説明する。

1. デートDVなのか、当たり前のことなのか

内閣府（2018c）は、デートDVの啓発として、「これって当たり前？」を公開している。そこでは、「恋人からの連絡には即レス？」「つきあってればいつも一緒が当たり前？」「一緒にいるためならバイトもやめる？」「記念日なら何でもプレゼントは当たり前？」「愛しあっていればどこでもキスOK？」という質問が閲覧者に問いかけられており、これらの質問に「当たり前だよ！」「当たり前かなぁ…」「おかしくない…？」という反応を選択させている。

たとえば「恋人からの連絡には即レス？」に対して「当たり前だよ」と考える人がいる。これは恋愛関係において加害者になる可能性がある人である。そういう人には、「恋人のことを、自分のものと思っていませんか？」と問いかけ、「好きな人と一緒にいるはずなのに、怒りが止まらなくなって恋人を責めたり、自分の意見を押し付けたりしていませんか」と解説が続く。さらに、デートDVでよくある特徴を「恋人だったら、やっぱり自分の思いどおりに動いてほしい。……一方的に、自分の気持ちや意見をぶつけてしまう」と説明している。さらに、デートDVの加害者となっていることについて「相手をコントロールしたり、『自分のモノ』として扱ったりすることは、交際相手に対する『暴力』いわゆる『デートDV』にあたります」と指摘している。

一方で「恋人からの連絡には即レス？」に対して「当たり前かなぁ…」と考える人がいる。これは恋愛関係において被害者になる可能性がある人である。そういう人には、「恋人って、いつもあなたを幸せな気分にさせてくれる存在？」と問いかけ、「好きな人と一緒にいるはずなのに、『怖い』『つらい』と思ったり、逆に『嫌われたくない』『自分が悪い』と思って我慢したり。いつ

も相手の顔色をうかがって、ビクビクしてませんか？」と解説が続く。さらに、デートDVの被害者となっている可能性について、「あなたの感じている『怖い』や『つらい』は、もしかすると交際相手からの暴力、いわゆるデートDVかもしれません」と示唆している。

どんな人であっても、幸せに生きる権利がある。内閣府（2018c）はデートDVの被害者へのメッセージとして「あなたのこころやからだを大切にできるのはあなた自身です。暴力をふるわれていい人などひとりもいません。時には相手から離れることも選択肢の1つです。別れることに相手のOKはいりません」と自分が選択できることを示し、勇気づけている。

DVやデートDVの加害者は相手に怒りを向け、自分を正当化することがある。正当化の根拠は自分や社会の価値観であったりする。しかし、その価値観を相対化させることで、婚姻関係や恋愛関係における不幸なDV関係を防ぐことができる可能性がある。また、被害者は自分ではなく相手を優先することがある。自分を優先せず、大事にできない原因の1つは相手の暴力に対する恐怖である。私たちは個人として尊重される存在である。1人ひとりの考え方や感じ方や大事にしていることは違う。その1人ひとりの個別性を尊重し、共に生きていくことは大変な努力が必要なのである。加害者は、自分の配偶者や恋人、そして家族が、自分の目の前で生き生きと生活できていない状況に気がつき、DVの痕跡に気がつかなければならない。加害者自身が気がつき、行動を変える必要がある。しかし、加害者自身が気づけずに暴力が繰り返されることの方が多いであろう。その場合は、被害者が暴力に気がつき、その暴力から逃げてよいのである。そして、その関係がDVかどうかわからないとき、自分が幸せな気持ちかどうかを検討するとよい。

2. 暴力のサイクル

恋愛関係において、「好きだから気持ちを通じ合わせたい」ということはとても素敵なことである。しかし、気持ちを通じ合わせたいと思う理由を問い直し、本当の考えや気持ちを明確にする必要がある。気持ちを通じ合わせたいのは、相手を尊重しているのではなく、自分にとって居心地のいい関係を作りたいからかもしれないのである。自分とは何か、自分はどういった人間なのかと

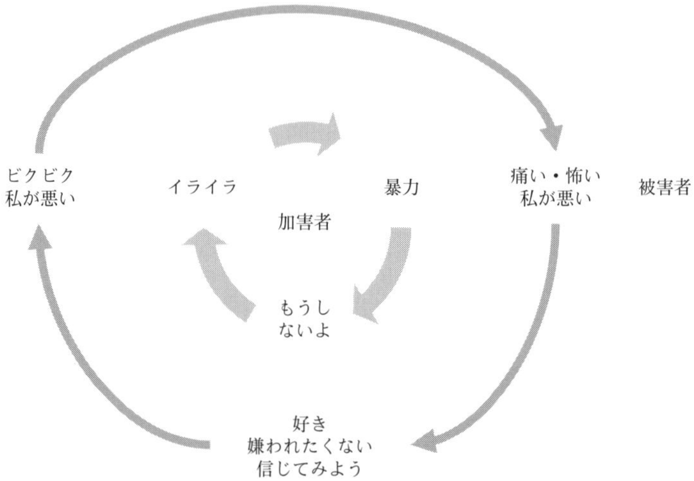

図3-1 DV加害者と被害者の暴力のサイクル

いうことを理解していく必要がある。この自己理解の過程で、自分が見たくない自分、それが自分だと気がつきたくない自分に直面することになる。その自己理解の過程を経て「暴力は絶対にしない」ということを決めることが重要なのである。

暴力のサイクルという現象がある（図3-1）。暴力は繰り返され、やがて自分自身でコントロールできなくなる。この暴力のサイクルでは、第3者の助けが必要になる。暴力のサイクルの真ん中は、加害者の心理を表現したものであり、外側は被害者の心理を表現したものである。加害者は相手をコントロールするために身体的・精神的・性的暴力を振るう。被害者は暴力によって痛い思いをしたり、怖い思いをしたり、自分が惨めな気持ちになったり、自分が悪いと罪悪感を抱いたりする。「どなられるのが怖いから相手の望むようにしよう」「自分が悪いのだから、相手から嫌われないようにしよう」「恋人のことが好きだから相手を信じてみよう」と思ったりする。そして、加害者も「ごめん」と謝り、「悪いことをした。もうしない」と反省し、「あの時は○○のストレスもあってひどいことを言ってしまった」と弁明する。この時点で暴力が再燃しなければ、健康的な関係といえる。しかし、しばらくして加害者がイライラしてくると、被害者は過去に暴力を受けていることから、ビクビクし始める。そして、被害者は「私が悪いことしたから恋人がイライラしているのではないか」と考え始める。これは、「当たり前のこと」ではなく、DV の関係である。実際に暴力がなくとも、DV であり、不幸な関係である。加害者は暴力を振るわずとも、被害者をコントロールしていることになる。これが暴力のサイクルなのである。もしこのサイクルに自分が当てはまっているのであれば、その関係をきってよいのである。幸せな関係を築ける新しい恋人を見つけてよいのである。しかしながら、加害者は被害者が離れようとしたり、関係を終わらせようとしたりする兆候に気がつき、被害者の罪悪感をかきたてるような言動をしたり、身体的暴力の強度をさらに高めたりして、暴力のサイクルに留め置かせようとするかのように、DV を繰り返すと考えられる。だから、第 3 者の支援が必要なのである。

3. デート DV の相談支援

DV やデート DV というのは非常に深刻で難しい、専門家の助けが必要な社会問題である。命に関わる事態であり、できるだけ早い段階で支援が必要になる。恋人からの暴力を当事者だけで解決することは難しい。

DV 相談ナビ＃ 8008（ハレレバ）というものがある。このダイヤルは、一緒に解決について考えてくれる専門の相談窓口で、プライバシーは守られる。DV やデート DV の可能性がある人は、相談してみることで自分では気づかなかった解決方法が見つかる可能性がある。

民間の支援団体に AWARE（アウェア）がある。この団体は、被害者支援だけでなく、加害者支援も行っており、DV 加害者プログラムを実施している（AWARE、2019）。もし自分に DV の加害傾向があると感じ、それを解決したいのであれば、このような「DV 加害者プログラム」に参加してみるとよい。このプログラムは、毎週 2 時間 52 回以上通う男性のためのプログラムである。治療やカウンセリングではなく、グループで行う教育プログラムとされている。また DV 被害者支援として「DV 被害者女性プログラム」がある。これは、夫や恋人が AWARE の加害者プログラムに参加している人や DV をされているが離婚・別居の決断をまだしていない人などが対象とされている。被害にあった女性がDVを見抜いて、自分の人生を取り戻す力をつけるためのプログラムとされている。被害にあっている女性には自分がDVの被害者であることを自覚できない人がいる。自分が被害者であるということを認識することは、非常に苦しいことである。だからこそ、支援者の力を借りる必要があると考えられる。最後に「デートDV防止プログラム」がある。DVは大人だけの問題ではなく若者たちの問題でもあり、交際相手に対する暴力が存在する。若者たちがデートDVの加害者にも被害者にもならないように、相手を尊重し、対等な関係を作るために学ぶプログラムとされている。民間の支援団体の実践のように、少しずつ支援の輪が広がってきている。ただし、このような支援が、全国津々浦々で提供されているわけではない。

第8節　まとめ

本章では、デートDVとは何か、デートDVの実態はどのようになっているか、暴力の本質とその形態、加害者と被害者、デートDVに気がつく方法と相談支援の必要性についてみてきた。どんな恋愛関係でもデートDVのリスクがあることを認識しなければならない。そして、デートDVの本質が支配であることを理解し、何が暴力なのかに気がつけるようになってもらいたい。さらに、現に恋愛関係において、幸せを感じられないのであれば、デートDVではないかと疑い、相談支援の必要性を検討してほしい。デートDVは、これからの社会が解決すべき問題としてしっかりと認識したい。被害者も加害者も作らない社会を実現していく必要があると考えられる。そして、被害を受けた人が支援をしっかり受けられる社会を目指すべきである。さらに、加害者が二度と同じ過ちをしないように支援を受けられる社会にしていかなければならない。

引用文献

AWARE (2020). 2020アウェアのパンフレット　Retrieved from https://aware-jp.com/%e3%82%a2%e3%82%a6%e3%82%a7%e3%82%a2%e3%81%ae%e3%83%91%e3%83%b3%e3%83%95%e3%83%ac%e3%83%83%e3%83%88/2813/2020-%e3%82%a2%e3%82%a6%e3%82%a7%e3%82%a2%e3%81%ae%e3%83%91%e3%83%b3%e3%83%95%e3%83%ac%e3%83%83%e3%83

%88/　2021 年 5 月 23 日

警察庁（2021）．ストーカー・DV 等　Retrieved from http://www.gender.go.jp/policy/no_violence/date_dv/index.html　2021 年 5 月 23 日

内閣府（2018a）．男女間における暴力に関する調査　Retrieved from https://www.gender.go.jp/policy/no_violence/e-vaw/chousa/pdf/h29danjokan-12.pdf　2019 年 9 月 19 日

内閣府（2018b）．ドメスティック・バイオレンス（DV）とは　暴力の形態　Retrieved from http://www.gender.go.jp/policy/no_violence/e-vaw/dv/02.html　2019 年 9 月 19 日

内閣府（2018c）．これって当たり前？　Retrieved from https://www.gender.go.jp/policy/no_violence/date_dv/pdf/print.pdf　2019 年 9 月 19 日

内閣府（2020）．ドメスティック・バイオレンス（DV）とは　暴力の特徴　Retrieved from http://www.gender.go.jp/policy/no_violence/e-vaw/dv/04.html　2021 年 5 月 23 日

須賀朋子（2017）．授業で活用できる高校生のための DV，デート DV 予防教育プログラム　かりん舎

第４章
アサーティブな関係

第１節　健康的で幸せな親密な関係を築くには

アサーティブな関係とは何か。これは、自分の考えや気持ちやしたいことなどを率直に伝えることであり、同時に相手の考えや気持ちやしたいことなどにも耳を傾ける態度が示されている関係である。第2章と第3章において、親密な人間関係においてストーキングやデートDVといった問題があることを説明してきた。このような人間関係は、相手をコントロールしようとする関係であり、相手に対する人権侵害である。決して健康的で幸福な関係ではない。われわれには暴力によらない親密な関係を築くことが課せられており、アサーティブな関係を学ぶことで健康的で幸せな親密な関係を築ける可能性がある。そしてこのアサーティブな関係を築くために大切なのがアサーションという考え方である。

第２節　アサーションとは

アサーション（assertion）とは、自分も相手も大切にした自己表現やコミュニケーションのことである（平木、2012）。自分の気持ちや意見を大切にして率直に正直に伝えることであり、同時に、相手の気持ちや思いも大切にして耳を傾けることである。このようなやり取りをアサーションと呼ぶ。アサーションには3つの要素があるとされている（平木、2012）。1つ目は、自分の気持ちや意見をはっきりさせることである。2つ目は、その自分の気持ちや意見を具体的に表現するスキルを身につけることである。3つ目は、相手の思いを理解することである。

第3節　自己表現のタイプ

自己表現には3つのタイプがある。非主張的な自己表現、攻撃的な自己表現、そして、アサーティブな自己表現である。以下、平木（2012）を参考にどのようなタイプなのかについてみていく。これらの自己表現の違いを理解し、アサーティブな自己表現を練習することによって、アサーティブな態度や行動を身につけることができるだろう。

1. 非主張的な自己表現

1つ目は非主張的な自己表現である。すなわち、自分の気持ちや意見を言わず、不正直な表現をすることである。曖昧な言い方、言い訳、消極的な態度、小さな声などによる自己表現である。このような自己表現は、「私の気持ちや考えは無視してよいです」と相手に受け取られる可能性がある。このような自己表現をする本人は、「譲ってあげた」あるいは「人の気も知らないで」という恨めしい気持ちを抱くことがある。

非主張的な自己表現は、相手にわかってもらいにくいという特徴がある。そして、分かってもらえなくて傷つき、惨めな思いをすることがある。本人は「黙って引いた」「相手を立てたつもり」であるが、わかってもらえないという惨めな気持ちを抱きがちである。

非主張的な自己表現は、我慢していることにもなるので、我慢によるストレスが心身の問題を起こすことがある。非主張的な自己表現を続けていくと、不快感、相手への恨み、八つ当たり、意地悪として表現してしまうことがある。また、身体症状として頭痛、肩こり、神経性の胃炎、うつなどが生じることがある。

2. 攻撃的な自己表現

2つ目は攻撃的な自己表現であり、自分の言い分を通すために主導権を握って物事を決めようとすることである。自分を優先することで相手の言動を抑えようとするもので、相手の言い分や気持ちは無視し相手の犠牲の上に成り立った自己主張である。この「攻撃的」の意味は、強い言葉で責めたり、怒鳴ったりするだけではない。つまり、相手の気持ちや要求を無視したり、たくみに自分の要求を相手に押し付けたり、相手を操作して自分の思い通りに動かそうとすることを含めている。具体的には、不当な非難、侮辱、皮肉、八つ当たりといった表現になる。このような攻撃的な自己表現は、堂々と見えても必要以上にいばるなど自分に正直ではない自己表現と言われている。

攻撃的な自己表現によって自分の主張が通っても、後味が悪いということがよくある。また、相手は自分の意に反して服従させられたという気持ちになり、相手を敬遠し、相手に怒りを感じ、仕返ししたくなることがある。

3. アサーティブな自己表現

３つ目はアサーティブな自己表現である。アサーティブとは、アサーションができている状態のことである。assertion の訳語は、主張、断言である。しかし、ここでいうアサーションは、主張だけでなく、相手の話を聴くという相互交流や相互作用の意味を含み、自分も相手も大切にした自己表現やコミュニケーションのことである。これは、意見が違う相手にも自主的な発言を推奨する自己表現であり、自分の気持ち、考え、信念などを正直に、そして率直にその場に相応しい方法で表現することである。そして、相手にもアサーティブに発言することを奨励するのである。アサーティブであれば、お互いの意見が食い違い葛藤することもあるが、アサーティブな自己表現では、葛藤が起きた時に、すぐに相手に譲り、相手を自分に同意させようとすることはない。つまり、根気よく意見を出し合い、譲り譲られながら双方にとって納得のいく結論を出すことがアサーティブな自己表現である。

アサーティブな自己表現は、お互いを大切にし合い、話し合えるのでお互いが誇らしい気持ちになる。歩み寄りの精神によって、時間がかかってもお互いのことを大切に話し合った気持ちが残る会話を目指すものである。アサーティブな言動は余裕と自信に満ちており、自分と相手の双方にとって清々しくて爽やかな表現になる。

第4節　自他融合よりも自他尊重

アサーションは、自分だけでなく相手の考えや気持ちも尊重しようとするもので、自他尊重のコミュニケーションと呼ばれている（平木、2012）。つまり、私とあなたとは違う存在であり、私には私の考えや気持ちがある。同じように、あなたにも考えや気持ちがある。このような個別性や存在性を尊重したうえで、あなたの考えや気持ちを理解したいので、あなたの身の回りで起きた出来事や経験を、言葉を通して共有したいという関係である。

自他融合という言葉がある。これは、自分と他者の境界があいまいということである。境界には身体的境界、心理的境界がある。身体的境界とは、身体と身体の距離のことである。身体的境界は、いっしょに時を過ごすこと、手をつなぐことなどによってあいまいになると考えられる。心理的境界とは、心と心との距離、自分と相手との考えや気持ちの距離のことである。自他融合の関係では、非主張的な自己表現や攻撃的な自己表現が固定化されていき、第3章でみてきた暴力のサイクルのような関係となることもあると考えられる。たとえば、加害者が攻撃的な表現をすれば、被害者は自分が悪いと誤認し、私が悪かったから暴力を振るわれたと思うようになる。これが暴力による支配の一端である。また、被害者は「暴力を受けたくない」と加害者に訴えられないことがある。なぜなら、訴えることによって暴力がひどくなることを恐れるからである。そして、暴力を恐れて相手の意に添う言動をするようになる。このように自他融合の関係では、攻撃的な自己表現と非主張的な自己表現が固定化される可能性がある。

図4-1では私とあなたを示した円が描かれている。自他融合とは、この図左に描かれているように、私とあなたの円が重なり合っているようなイメージのことである。自他の境界が曖昧なイメージである。融合という幻想を抱き相手に過大な期待を抱いてしまう関係性であるともいえる。

日本語に以心伝心という言葉がある。これは、心に思っていることを言葉にしなくてもお互いに理解できることを示す言葉である。そうした関係になるには、言葉や行動による自他尊重のやりとりが行われている必要がある。その過

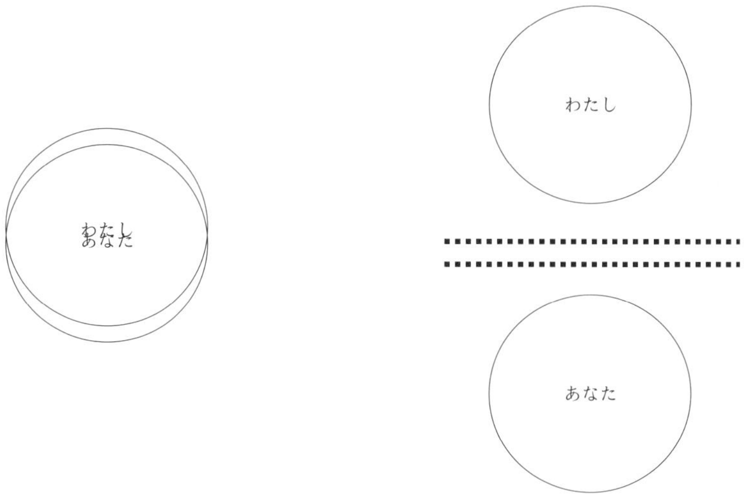

図４-1　自他融合と自他尊重のイメージ

程において、自分がわかってもらえたといううれしい気持ちになったり、わかってもらえなかったという残念な気持ちになったりする。相手が自分を理解してくれない時には、自分が何か悪いことをしたのではないかと自分を責めたり、相手に対して怒りを抱くことなどが起こり得る。つい「あなたはまったくわかってない」と批判したり、相手と自分との間に距離を置いたりすることもあるだろう。これでは以心伝心どころか、相手への不信感が募り、お互いに理解することは難しいであろう。私たちには相手は理解してくれて当然だというような思い込みがあったりする。とりわけ、親密な関係においては、自分を理解すべきであるといった思い込みが潜んでいることがある。しかし、お互いに理解するということはそんなに簡単なことではない。先にも述べたように、自分と相手がどういう人なのかを理解する必要がある。自分の本当の気持ちや考えを理解せぬまま、相手にしてほしいことを要求していることだってある。自分が理解できていないことを相手が理解するというのはかなり難しいことである。

また、たとえ、以心伝心な関係であったとしても、関係のメンテナンスは必要である。自分と相手が何を考えていてどういう気持ちなのかを理解していくと、自分と相手とは違う存在であるということを深く理解できるようになる。この自他の違いを認めることは、自他尊重の関係を作るための基盤であると考えられる。しかし、わたしたちは、親密な関係において自分と相手との違いがあることを認めたくない気持ちがあるのではないだろうか。だから、自分と相手とは一心同体かのように思い、以心伝心を期待し、それが叶わないとき、深い悲しみと怒りが生じるのではないだろうか。そして、相手を傷つけるということも起こりかねない。われわれは、自他の考え方や感じ方や行動の仕方が違うということを理解し、その理解のもと、違っていることを認め、お互いに尊重することができる。このような自他尊重の態度を身につけることで、健康的で幸せな関係を築くことができるのではないだろうか。

われわれが目指したい関係は、自他の境界が明確な自他尊重の関係である。そのヒントとなるのがアサーションである。自他の違いを受け止め、お互いに歩み寄ることができ、人権を尊重している関係は、親密な関係、とくに恋愛関係において、とても大切だと考えられる。

第5節 アサーションに関わる権利

1. アサーションする権利

われわれは、健康的で幸せな親密な関係を築く権利がある。このような関係を築く方法の1つにアサーションがある。そして、アサーションを日常生活で実践するために、アサーションする権利があること理解しなければならない。

アサーションする権利というのは聞き慣れない言葉だろう。アサーションは、すべての人が生まれながらに持っている基本的人権の1つであると考えられている（平木、2012)。誰にでもアサーションする権利があり、アサーションはより良い人間関係の基盤である。自分の本当の気持ちや考え、あるいは自分がやりたいことを言うことは、私たちの基本的な人権として許されているのである。もし自分がやりたいことを言えない社会であれば、それは自由を拘束されていることを意味し、人権が侵害されている状況といえる。だからこそ、私たちにはアサーションする権利があると考えてよい。

アサーションする権利の他にアサーションに関わる権利がある。ここでは、とくに、恋愛関係において、パートナーと共に確認していただきたい3つの権利について、平木（2012）をもとに説明する。なお、アサーションやアサーションに関わる権利についての詳細を知りたい方は、平木（2012）をぜひ読んでいただきたい。

2. 自他尊重の権利

私たちは誰からも尊重され大切にしてもらう権利がある。自分を大切にしてほしいと望む権利がある。自分の気持ち、考え、意見、価値観を尊重され、自分の欲求を持ち、自分の希望を述べ、依頼してよいのである。自分の意見を持ち、それを発表してよいのである。

アサーションをする権利を持つ者同士は、歩み寄る覚悟が求められる。アサーションをする権利は相手にも自分にもあり、葛藤が起こりうる。平木（2012）によると、この葛藤を恐れると、自分の欲求や希望が言えなくなる。どんな人間関係でも葛藤は起こるし、むしろ、お互いに欲求や意見が一致することのほうが少ない。だからこそ、お互いの欲求や希望を述べる権利を大切にし、その権利について確認しながら歩み寄るということが求められる。

3. 自己決定する権利

私たちは自分の行動を決める権利がある。自分の感じ方や考え方は自分のものであり、他人と同じである必要はない。また、自分の感じ方や考え方を主張する権利があり、それらを変える権利がある。そして、自己決定について責任を持つことで、権利を行使するのである。決めたことを相手のせいだと考えるのであれば、それは自分の決定権や判断権を放棄していることになる。

4. 自己主張しない権利

私たちには、自己主張しない権利がある。自己主張するかしないかを自分の責任で決めることができる。自己主張やアサーションをできてもしないということを選ぶ権利がある。これは、自己決定する権利があるということであり、アサーションをあえてしないことを選ぶ場面があるということを意味する。たとえば、自分の話を聞かず一方的に要求してくる相手、悪口や否定的な言葉を繰り返してくる相手、自分をだまそうとしている相手、自分に嘘をつく相手などとのコミュニケーション場面が考えられる。このように、アサーティブに話しても無駄な時や身の危険に繋がる時はそれを避けるためにアサーティブになることをしないと決めてよい。つまり、私たちにはアサーションをしない権利がある。ただし、アサーティブにならないことを選んだのであれば、アサーティブに自己表現できなかったことを相手の責任にはできない。

第6節　安心できる関係をつくる

1. 安心できる関係とは何か

恋愛関係において、安心できる関係を作っていきたい。安心できる関係というのは、まず暴力がない関係である。ここで述べる暴力とは、第3章で説明した暴力と重なる。また、お互いの意見を尊重し（山口、2003)、一緒にいる時も離れている時も自分のことも相手のことも大切にできる関係である。これはアサーティブな関係と重なる。その他には、自分と恋人との意見が違った時、安心してお互いの意見を伝え合い、相談できる。2人の時間だけでなく、自分や相手のプライベートな時間を大切にできる。自分が嫌なことについては、私は嫌だと言え、自分は相手が嫌がることをしない。2人の関係が上下や主従の関係ではなく（山口、2003)、お互いの存在や権利を尊重できる。また、過去のことではなく、今起きていることを正直に話せる（山口、2003)。こうしたことも安心できる関係の例である。このように、安心できる関係とは、暴力がない関係であり、アサーティブな関係であると考えられる。

2. 安心できる関係を作る方法

安心できる関係を作る方法は、自分の本当の気持ちに気がつきアサーションすることである。自分の気持ちに気がついた上で、相手に質問したり、相手に何をしてほしいかを言うことである。そして、自他尊重の権利や自己決定の権利が相手にも自分にもあり、お互いにアサーションする権利があるということを受け入れることである。さらに、お互いに自己主張しない権利やアサーションをしない権利があることも受け入れる必要がある。

暴力があれば、相手に自分の気持ちを伝えることも、アサーティブな関係を作ることも難しい。アサーションで暴力をやめさせることができるという科学的根拠はほとんど報告されてない。しかし、恋愛関係において、暴力を予防するためにアサーティブな自己表現は役に立つと考えられる。なぜなら、相手から大切にされてよいと思える人は、相手の不当な要求や暴言や暴力に対して「私は暴力を受けたくない」と訴えることができると考えられるからである。このように私たちは、アサーションする権利を持っているということを自覚し、その権利を行使することで、暴力的な関係に対して屹《きつ》然として自己を守る態度をとることができる。私たちには、自分の欲求や希望を伝える権利があり、誰もがアサーションする権利を持っているのである（平木、2012)。お互いにアサーションする権利を尊重し、アサーションを行うことで、安心できる関係を作ることができるのではないか。また、アサーティブであることによって、今の自分が置かれている関係性の中で、自分の気持ちは何かや自分はいったいどんな目にあっているのかに気がつき、どのような関係を作りたいのかを考えるきっかけとなる。ただし、暴力的な関係であれば、本当のことを正直に話すことで、相手の暴力がエスカレートする危険性がある。暴力がすでにある場合、アサーションをしない権利（平木、2012）を行使することを選ぶことができる

逆に安心できない関係を作る方法もある（山口、2003)。過去のことを引き合いに出す。同じことを繰り返し漫然と話してしまったり、自分のことばかり話して相手の話や相手の気持ちを聞かない。相手を責め、自分の本当の気持ちを伝えない。心の中のことを正直に言わない。こういったことが続くと、安心できない関係を強めていくのではないか。愚痴を言ったり、誤魔化したり、間違いを認めないということも、安心できない関係を作る方法である。さらに、相手の言うことに関心を示さず、あるいは相手の痛いところや弱いところ、古い傷、相手の過去についての批判をするというのは、精神的な暴力となっていることがある。親密な関係の中でこのようなことが生じているのであれば、その関係を見直すきっかけとなる。

3. I メッセージと You メッセージ

アサーティブな自己表現の方法としてＩ（わたし）メッセージというものが

ある（平木、2012）。これは、よい人間関係を作る方法としてさまざまな場面で活用されている。恋愛関係や親密な関係においても、関係を良好なものへと育てるために取り組みたい方法である。デートDVを予防する際にも役立つ方法と考えられる（山口、2003）。この方法は、最初はうまくできないかもしれない。うまくできることを目指すのではなく、やり続けていくことを目指していきたい。

具体的には、「私は」という主語を話す時につける。たとえば、恋人が友人とSNSでやりとりをしている場面で、「私はあなたとお話がしたい」や「友達とのSNSをやめてくれると、うれしい」と伝えることである。あくまでも自分がどんな気持ちなのかをメッセージに込めるのである。あるいは、「デートの時間が無くなるから私は嫌だな」というのもよい。Iメッセージは、相手を攻撃しないで自分の気持ちをオープンに話す方法である（山口、2013）。また、相手を説得し、相手を動かしたい時に使うものではない。Iメッセージをしたからといって、相手が自分の要求に従うわけではない。Iメッセージは、自分の気持ちに焦点を合わせるための方法である。そして、自分の気持ちに気がついたうえで、オープンに正直にその気持ちを相手に伝える方法である。「私は」どうなのかということを意識していくと、自分の本当の気持ちに気がつきやすくなる。自分の気持ちなので、それを話すかどうかも自己決定する権利がある。話してもよいし、話さなくてもよい。しかし、自分の本当の気持ちに気がつかずに話すとしたら、相手に本当に伝えたいことは伝わらない。

一方、You（あなた）メッセージというものもある。こんなことはないだろうか。「SNSをやめてくれない？」や「デートの時ぐらいSNSをやめて」という場合である。これはYouメッセージになっている。つまり、「あなたはSNSをやめてくれない？」となっている。この言葉の背景にある気持ちを想像してみよう。おそらく、相手への批判や怒り、相手の気持ちを自分に向かわせたいなどがあるのではないかと考えられる。Youメッセージは、本当の気持ちに気がつかない場合や、気がつきたくない場合に使うことがある。Youメッセージは、相手に焦点を合わせて、相手のことについて話すことである（山口、2003）。「あなたはレポートを出していませんね」などと教師からいわれると、どきっとしたり、恥ずかしかったりするのではないか。相手から自分に非があることを指摘されるとなおさら心理的な動揺が大きいのではないか。Youメッセージは、相手に気がつかせたり、事実を直面化させたり、指示を出したりする場合には便利である。便利がゆえに多用される。

しかし、Youメッセージは、使い方によっては関係を壊すこともある。内容が正しくても、メッセージを受け取った相手を傷つけ、怒らせる言い方にもなるためである（山口、2003）。たとえば、「いつまでSNSをするつもり」や「いい加減にやめて」と言う場合、Youメッセージになる。このようなYouメッセージは、相手を怒らせたり、怖がらせたりすることがある。関係において力がある人が使った場合、むしろ精神的暴力になってしまうことにもなりかねない。相手を批判したい時や相手が自分の意に添わない行動をしている時にこそ、自分の本当の気持ちはどうなのかを知る必要がある。

自動的にYouメッセージを使っていないかを確認し、Iメッセージを選んで、自分に向き合うことが重要である。そして、一呼吸おいてIメッセージで相手に何をどのように伝えればよいのかを考えてみよう。

4. デートDVを防ぐための活用方法

デートDVがある場合、Iメッセージを使えばそれだけで何とかなるというものでもない。ここでは、いくつかの関係形成の要点について説明したい。

デートDVのある関係では、Youメッセージが多用されていると考えられる。Youメッセージは、自分の思いのままに相手を動かしたい時に使われがちだからである。Youメッセージは、社会のルール、常識、慣習、エチケットなどの観点から発せられており、正しい場合が多い。確かに、社会のルールを守ることは大切であり、安心できる関係を作るためにも必要な条件である。しかし、Youメッセージは批判、非難、攻撃としても受け取られることがあり、実際に精神的暴力である可能性がある。言葉によって相手を傷つけ、2人の関係を破壊する可能性がある。そのメッセージの内容がいくら正しくても、相手を傷つける可能性があるということを忘れないでいたい。だから、関係において、Youメッセージだけでなく、むしろIメッセージを多用していくことで健康的で幸せな関係を築けるのではないか。

安心できない関係の場合、お互いに尊重し合えない状態である可能性が高い。

相手が怒っているのは自分が悪く、自分が変われば相手もやさしくなるなどと考えているのは、自分のことを尊重する権利を放棄していることになる。また、自分がアサーティブな自己主張を選んだからといって、相手もアサーティブな自己主張を選ぶとは限らない。お互いにアサーションをしない権利がある。恋愛などの親密な関係において、私たちには相手と離れる権利や、相手と別れる権利があるということも自覚しておきたい。とりわけデートDVに気がついた場合、自分の判断能力を暴力によってそがれる前に、決断をする必要がある。恋愛関係では、好きな人と長く付き合っていたいと思うのは当たり前かもしれない。しかし、デートDVがあり、その兆候が確認される関係では、そうとも限らない。デートDVの被害に遭っていると、自分自身の考えや気持ちに気づかない場合もある。だから、定期的にIメッセージを自分自身に向けて発したり、本当に信頼のできる人に向けて発することで、自分の本当の気持ちを明確にする必要がある。また、私たちには、相手の同意を得なくても別れる権利がある。別れることを選択する権利がある。このことを忘れないでいたい。そして、暴力がある場合は、必ず第3者の助けを得るようにしたい。

第7節　まとめ

本章では、アサーティブな関係について説明してきた。アサーティブな自己表現があり、私たちにはアサーションをする権利があることを説明してきた。アサーションは自他尊重の権利とともに、自己決定する権利と、そして自己主張しない権利があることを説明した。このような権利を主張するために、自分とは何か、自分はどうしたいのかといった自己理解を深め、自分は何をする（しない）ことにしたのかといった自己決定とその決定に対して責任を取る姿勢が求められている。また自分を理解するための方法として、Iメッセージを紹介した。自分のことを理解したうえで、安心できる関係を築いていくことが求められる。さらに言えば、自分という存在を確立することが求められるのである。このような力を育てるヒントとなるのがアサーションではないだろうか。

引用文献

平木典子（2012）．よくわかるアサーション――自分の気持ちの伝え方　主婦の友社
山口のり子（2003）．デートDV――相手を尊重する関係をつくるために　梨の木舎

第５章
性的マイノリティの恋愛

東京都渋谷区と世田谷区が2015年11月5日に婚姻と同等の同性パートナーシップ証明制度を導入して以降、2020年10月現在までに、60の自治体が同性パートナーシップ証明制度を導入している。また、「性的マイノリティの人々が差別や偏見にさらされず、前向きに生活できる社会の実現」を目的とした東京レインボープライド主催による2021年4月のオンラインによるイベントには160万人の人が参加した。さらに、同性愛をテーマにしたドラマや漫画など様々な作品が作成され、多くの方々に同性愛の実情が明らかにされつつある。このように、近年、性的マイノリティの人々の権利を拡大する法整備や社会活動が盛んに行われるようになっている。一方で、性的マイノリティに対する偏見や差別はいまだに残っており、まだ生きづらい社会であると想像される。そこで、本稿では性的マイノリティと精神的健康、性的マイノリティの歴史、性的マイノリティ、特に同性愛に対する偏見や差別、性的マイノリティへの支援について考察し、性的マイノリティの恋愛をまとめていく。

第１節　様々な種類の性的マイノリティ

性的マイノリティとは、社会において性的多数派（マジョリティ）である「戸籍に登録された自分の性別に違和感がなく、かつ異性に対して恋愛感情を持つ人たち」と対比され、性別に関して世の中の多数派と違う特徴を持つ人々を指す用語である。性的マイノリティには、多様な種類が含まれている。性的マイノリティは、①生物学的な性別を表す身体的性：生殖器の種類や性ホルモンなどの生物学的な要素によって定められた性別、②自身の認識する性別を表す性自認：自分自身が認識している性別、③恋愛や性的対象の性別を表す性的指向：どのような性に対して恋愛感情、性的感情を抱くかを表す要素、④自らが表現したい性別を表す性表現：どのような性を表現したいかを表す要素、の4つの要素によって分類される。

近年では、性的マイノリティの種類であるレズビアン（Lesbian：女性同性愛者）、ゲイ（Gay：男性同性愛者）、バイセクシュアル（Bisexual：両性愛者）、トランスジェンダー（Transgender）の頭文字をとったLGBTという語句が広く浸透している。たとえば、レズビアンは身体的性と性自認、性的指向のすべてが女性である人を表すのに対し、ゲイは身体的性と性自認、性的指向のすべてが男性である人を表す。また、バイセクシャルは身体的性と性自認が一致しており、性的指向が男女に関わらない人を表す。トランスジェンダーは身体的性と性自認が不一致の人を表す。特に、身体的性が女性で、性自認が男性であるトランスジェンダーはFtMトランスジェンダーと呼ばれ、身体的性が男性で、性自認が女性であるトランスジェンダーはMtFトランスジェンダーと呼ばれる。村上春樹氏の小説「海辺のカフカ」に登場する大島は身体的性が女性、性自認が男性であり、性的指向が男性である。この場合にはFtMゲイなどと呼称されたりもする。

ただし、性的マイノリティの多様性は幅広く、LGBT以外の形態も多く存在する。アメリカのFacebookでは、性別を58種類のセクシャリティから選択できるようにしている。たとえば、無性別者であるアジェンダー、男性・女性といった身体的区別のできないセクシャリティであるアンドロジン、両方のジェンダーを自認するバイジェンダーなどである。他にも、性自認がまだわからない、決めていない人を指すクエスチョニング（Questioning）やセクシャルマイノリティ全体を表すクィア（Queer）などがある。特に、クエスチョニングとクィアの頭文字とそれ以外を表す＋を合わせて、近年ではLGBTではなく、LGBTQ＋とも呼称される。また、レズビアン、ゲイ、バイセクシャルが性的指向を表す概念である一方で、トランスジェンダーは性自認に関わる概念であるため、性的指向を表すセクシャル・オリエンテーションと性自認を表すジェンダー・アイデンティティの頭文字をとったSOGIという呼称も用いられる。このように、一括りに性的マイノリティと述べても、様々な種類のセクシャリティがあり、多様性が高い存在である。

それでは日本には、どれくらいの性的マイノリティの人々がいるのであろうか。性的マイノリティ、特にLGBTを対象とした調査では、電通ダイバーシティ・ラボが実施した2015年のインターネット調査では、LGBT層が7.6%、2018年と2020年の調査で8.9%であった。また、LGBT総合研究所の調査では2016年で8.0%、2019年の調査で10%であった。さらに、日本労働組織総連合会が2016年に実施した調査でも、LGBTの方は8%であった。まとめると、日本におけるLGBT人口は8–10%、つまり10人から13人に1人が通説となっている。

海外でもLGBTの人口規模が調査されている。最も古い大規模な調査には、アルフレッド・キンゼイが実施した調査が挙げられる。アルフレッド・キンゼイが1948年と1953年に白人男女18,000人を対象として実施した調査はキンゼイ・レポートと呼ばれ、青年男性の46%が両方の性別に反応したことを明らかにした。後にキンゼイ・レポートは調査対象者の選別などで問題点が指摘され、性的マイノリティの割合に疑義や批判が浴びせられたが、性的マイノリティに対する偏見が激しかった時代においてアメリカ社会に与えた影響は大きかったと推測される。近年の欧米におけるLGBTの割合を調べた調査としては、OECD（経済協力開発機構；国際経済について協議することを目的とした国際機関）が14ヶ国に実施した調査が挙げられる（OECD、2019）。それによると、LGBの割合は、アメリカで3.8%、ニュージーランドとカナダで3.3%と高く、イギリスで2.3%、ドイツで1.9%であり、全体の2.7%がLGBであると認識していた。ただし、アメリカの調査会社Gallupが2021年にアメリカで実施した調査では5.6%であり、2015年から増加傾向にあることが示されている。また、ドイツの調査会社Daliaによる調査では、LGBTを自認している人の割合が5.9%であり、フランスの調査会社IFOPによる2014年の調査では6.9%であった。さらに、OECDによる調査では、1945年以前に生まれた人でLGBTと認識している人は1.4%であるのに対し、1980年から1999年に生まれた人では8.2%であり、LGBTの割合は年代によって異なっていた。

以上のように、性的マイノリティの割合は年代によっても国によっても様々

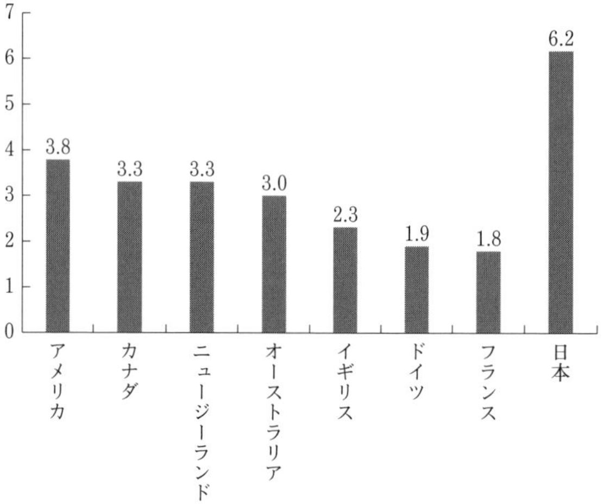

図5-1　世界各国のLGBの割合　OECD（2019）のデータを再構成した。日本のデータは電通ダイバーシティ・ラボ（2020）のデータから算出した。

であるが、日本は他の欧米諸国と比較しても多いことがわかる。しかし、OECDがLGBTに対する法律面の整備状況について調べた調査では、35ヶ国中34位と低く、LGBTの割合に比して社会的整備がいまだなされていない状況である（OECD、2020）。LGBT当事者団体の連合体である「性的指向および性自認等により困難を抱えている当事者等に対する法整備のための全国連合会」は、「性的指向および性自認を理由とするわたしたちが社会で直面する困難のリスト（第3版）」をホームページで公表している。教育の面では、「学校で侮蔑的な言葉を投げかけられ、自尊感情を深く傷つけられた」、就労の面では、「就職活動の際に、結婚などの話題から性的指向や性自認をカミングアウトしたところ、面接を打ち切られた」や「職場での昇進・昇格に結婚の要件があったが、同性パートナーがいたのにもかかわらず昇進・昇格できなかった」、医療の面では「医療機関の受付では戸籍上の名前で呼ばれ、受診しづらくなった」や「認知症・意識不明状態のパートナーが入院したが、病院・医師からの安否情報の提供や治療内容の説明を受けられず、面会もできなかった」、社会保障の面では「同性パートナーと公営住宅への入居を申し込もうとしたが、同

表5-1　LGBT当事者が社会で直面する困難

子ども・教育	【学校での生活】
	学校で「男のくせに」「気持ち悪い」「ホモ」「おかま」「レズ」などと侮蔑的な言葉を投げかけられ、自尊感情が深く傷つけられた。
	同級生から「おまえは男らしさが足りない」といわれ、女物の下着をはかされた上で写真を撮られた。
	【家庭・施設等での生活】
	親にカミングアウトしたところ、無理矢理ポルノビデオをみせられたり、性風俗のお店へ連れて行かれた。
	部屋に置いていたゲイ雑誌が親に見つかり、家を追い出され、ホームレスとなった
就労	【求職・就職活動】
	就職活動の際、結婚などの話題から性的指向や性自認をカミングアウトしたところ、面接を打ち切られた。
	性的指向や性自認を理由に、解雇や内定取り消しをされたり、辞職を強要された。
	【規則・環境整備】
	就職活動の際、性的指向や性自認にフレンドリーな職場を見極めるための指標がなかった。
	「LGBTフレンドリー」であることを社外的にアピールしている企業を選んで就職したが、実際の現場は差別的言動が多く、非常に失望し、転職を考えた。
	【いじめ・ハラスメント・無理解】
	職場でレズビアンとカミングアウトしたら、「治してやる」「男を知れば変われる」などといって、レイプされた。
	同性パートナーの存在を隠していたところ、「家族がない人は楽でいいから」と言われ、仕事を押しつけられた。
医療	男女分けされた共同病室に、性自認に沿って入院できない。
	医療機関の受付では戸籍上の名前で呼ばれ、受診しづらくなった。
社会保障	同性パートナーと公営住宅への入居を申し込もうとしたが、同居親族に当たらないことを理由に拒否された。
	スポーツ大会において、自分の性自認にもとづく選手登録ができず、出場を断念せざるを得なかった。

出典　性的指向および性自認等により困難を抱えている当事者等に対する法整備のための全国連合会（2019）より一部抜粋。

居親族に当たらないことを理由に拒否された」などが挙げられていた。

このように、日本は欧米の他の諸外国に比して、LGBT の割合が多いにも関わらず、法律的な側面や就業的な側面によって様々な困り事があることが見て取れる。LGBT 当事者は、法律の整備のみによって、生きやすくなるというわけではないが、「自分らしく生きていく」ためには、そういった法律の整備も重要となると考えられる。それでは、性的マイノリティの人びとはどのような心の悩みを抱いているのであろうか。

第2節　同性愛と精神的な健康

同性愛はスティグマとなり、病気ではないものの恥ずべき特性として扱われることから、同性愛者は周囲から差別や偏見などの否定的な態度を持たれ、精神的な問題を抱えやすいことが指摘されている（石丸、2014)。性的マイノリティの人々が日々感じている精神的な問題を明らかにするために多くの調査が実施されている。

たとえば、日高が行った調査（2000、2007）では、男性同性愛者や両性愛者は、異性愛者的役割葛藤を感じ、異性愛者を装うことにストレスを感じ、抑うつや不安、孤独感を感じやすく、全体の 65% が自殺念慮を経験し、15% が自殺未遂の経験があることを明らかにしている。その理由として、LGB が本来の自分を表現したいという欲求を抑圧して、社会が求める性表現を求められ、異性愛者として振る舞うことへの強いストレスが背景にあると考えられる。また、杉山（2006）は、同性愛の若者が自己形成を行う過程で経験する困難として、①自己受容の困難、②自己イメージの困難、③情報アクセスの困難、④自己開示・人間関係づくりの困難、⑤事故回避の困難を挙げている。また、同性愛者による内在化された同性愛嫌悪は、同性愛への愛情や欲望と、異性愛者である必要性を感じる内的葛藤を特徴として、自分自身や他の同性愛者への否定的な態度として表れる。同性愛への社会的偏見を内在化するために、自分自身を受け入れられずに、同性愛者としての自己認知を行うことが困難となっている状況が明らかになっている。さらに、同性愛者が異性愛者に比べて、ネガティブな内省を頻繁に行い、対人葛藤、対人劣等、対人摩耗といった対人関係におけるストレスを多く経験していることも明らかにされている（佐藤・沢宮、2018)。また、Hidaka & Operario (2006) では、ゲイ・バイセクシャルの83%がいじめを経験しているという調査も明らかにされている。

先述のLGBTが抱える困難にも挙げたように、イジメと捉えられる侮蔑的な差別発言や偏見によって自分らしい表現ができない難しさから多くのストレスを抱え、対人関係での問題も生じやすいために孤独感を感じやすくなり、鬱状態から自殺を考えてしまうという状況が浮き彫りとなっている。それでは、なぜ同性愛者を含む性的マイノリティの人びとが侮蔑的な発言を受けるようになってしまったのであろうか。次節では、欧米ならびに日本における性的マイノリティの歴史についてまとめていく。

第3節　欧米における同性愛の歴史

同性愛を示す文献・資料・芸術作品は、古代ギリシャや古代ローマなど、様々な地域、様々な時代において見られる。中世以降、宗教による影響が強かった時代に、同性愛は宗教的ないし道徳的な罪（sin）と見なされ、後に犯罪（crime)、続いて病理（pathology）と変遷し、現在では脱病理化（depathologization）されつつあると指摘される（コンラッド・シュナイダー、2003)。言い換えると、同性愛の社会的位置づけは時代と共に変化してきたと考えられる。本稿ではオールドリッチ（2009）による『同性愛の歴史』を参考にしながら、欧米の同性愛の歴史について概観していく。

同性愛が宗教的ないし道徳的な罪として見なされていた時代では、人々は「自然」と関連する行動によって道徳を判断していた。当時の人々にとって、最終的に生殖と結びつく行為は「自然な行為」であり、生殖と結びつかない行為は「不自然な行為」であった。「不自然な行為」とは、同性愛（男同士の性交）だけではなく、獣姦、肛門性交、口腔性交、自慰行為などの生殖を目的としない行為であり、ソドミーと呼ばれる。ソドミーという言葉の由来は、旧約聖書において、ソドムとゴモラという町の人々が背徳的な行為である「不自然な肉の欲」を繰り返していたことで神からの怒りを買い、滅ぼされたという記述に基づく。ただし、中世初期の時代のあいだ、西ヨーロッパのキリスト教徒

図 5-2　『同性愛の歴史』（オールドリッチ、2009）

には、特定の性行為に対する統一的な禁止令が出されておらず、性的な逸脱行為に対する懲罰が13世紀に決められた。ソドミーに耽る人々はソドマイトと呼ばれた。ソドマイトは宗教裁判所の規則に従って裁かれ、有罪と認められた者たちは拷問され、処刑されることもあった。したがって、中世の人々にとって、「同性愛か異性愛か」という区別ではなく、「自然か不自然か」という観点によって処罰された。中世における「不自然な行為」として告発された大多数は男と性交した男たちにかかわるものであった。そのため、同性愛者の男性はソドミタやソドミティクスとも呼ばれることとなる。

また、13世紀には、神学者のマールブルクのコンラートは、異端の輩がヒキガエル、黒猫、青白く痩せた人物の姿をした悪魔を崇拝し、不自然な性行為を行うことを信じて、異端・性的倒錯・悪魔崇拝との関連性を「でっちあげ」た。彼の考え方はその後も生き残ったため、同性愛は迫害されることとなる。そして、ソドミーに対する異端審問が過激化し、ソドミーは告発され、拷問され、去勢などの罰を受けることとなる。

こういった宗教的な罪はすでに消失した考え方ではない。2009年11月20

日、福音派教会、正教会、カトリック教会の指導者152名は「マンハッタン宣言—キリスト者の良心の呼びかけ」を発表した。マンハッタン宣言では、(1) 生命の尊厳、(2) 結婚観の歴史的認識、(3) 良心と信仰の自由を、社会の根本的原則として挙げ、これらを信仰者の共通認識として挙げている。このマンハッタン宣言の中で、同性婚への反対を明示している。すべてのキリスト教徒がマンハッタン宣言に賛成しているわけではないが、キリスト教は同性愛について批判している。また、イスラム教やヒンドゥー教などの宗教においても同性愛は否定されており、ソドミーとなる同性愛はいまだに宗教的な罪として扱われる地域もある。

同性愛が刑法の罪として扱われるようになったのは、13世紀と近代初期の間であり、その時期に同性愛に対する法律が体制化され、多様化された。1533年にはイギリスにおいて、ヘンリー8世がソドミー法を制定し、「不自然な性行為」が死刑にされた。また、1794年に制定された「プロイセン法典」ではソドミーは死刑であったが、1861年に死刑のリストから外された。しかし、イギリス、アメリカ、ドイツでは、ソドミーは非合法のままであった。1871年にはプロシア刑法が制定され、同性愛は懲役刑とされた。一方、1800年以降、具体的には、ナポレオン法典の成立以降、フランスではソドミーの対象である同性間の性行為を禁止する法律が廃止されることとなる。ナポレオン時代にフランスの領土が拡大すると、ナポレオン法典はヨーロッパ中に広がりをみせ、オランダ、スペイン、イタリア、ルクセンブルグ、ベルギーではソドミーを合法的な行為として扱うこととなった。

近代以降、同性愛は「病理」として扱われ、医療の対象となっていく。1869年に、ヴェストファルが同性に強く惹かれる女性の病歴を公表した。彼はこの状態を「逆転した性的な感情」と呼び、治療を施したことで、同様の試みがヨーロッパやアメリカで広がっていく。アメリカの精神分析家ドレッシャーは、同性愛が病気であるという見方、発達の停滞であるという見方、正常範囲内の際であるという3つの見方を提示している。ドイツの精神科医であるクラフト＝エビングは「変態性欲論（Psychopathia Sexualis）」という著書の中で、異性同士の性交が正常であり、同性同士の精神的・身体的に親密な関係を異常として、同性愛が変質的な病気であり懲罰ではなく、治療によって取り扱うべきであると述べている。また、アメリカやフランスにおいても、同性愛は先天性の異常により生じる病理であるという論文が公刊され、治療すべきこととして扱われるようになる。

同性愛を病理とみなす考えは、精神医学において広く用いられるマニュアルであるDSM（精神疾患の診断・統計マニュアル）やICD（国際疾病分類）でも見て取れる。1952年に公刊されたDSMの初版では、同性愛は社会病質パーソナリティ障害という大分類の中にある「性的逸脱」の一つとして見なされていたが、1968年に公刊されたDSMの第2版では、「パーソナリティ障害および他の非精神病性精神障害」という大分類の中にある「性的倒錯」のうちに、「同性愛」という項目が独立することとなる。

同性愛が病気として見なされたことで、同性愛者を異性愛者に矯正させる一連の行為は、転向療法（コンバージョン・セラピー）と呼ばれ、様々な治療法が開発された。その中には、同性に性的興奮をしないように、同性の人物の写真を見せて電気ショックを与えることで、同性への性的興奮を抑えようとする電気ショック療法が用いられることもあった。また、嫌悪療法においては、不健全な家族関係に由来する性的倒錯を克服し、患者を正常に戻し、結婚と生殖を可能にする療法が確立された。しかし、2018年に行われた調査において、転向療法を受けた人々のうちで、同性愛から異性愛へと転向した割合は少ない一方で、半数以上がうつや不安などの症状を呈し、自殺を考えたり、自殺を試みたり、摂食障害を抱えるなどの症状が生じていることが明らかにされている。転向療法の有害性が指摘されることで、ドイツやイギリスなどにおいては、LGBTに対する転向療法の禁止が法案として可決されている。

このように、同性愛の歴史を概観すると、同性愛が、宗教的な罪に始まり、法律的な犯罪、精神医学的な病理という社会からの偏見や迫害、差別など不当な扱いを受けてきたことが見て取れる。しかし、同性愛者も、ただ不当な扱いに甘んじていたわけではない。第二次世界大戦後に、同性愛の脱病理化の動きが活発となる。

第二次世界大戦後の1948年、国連は世界人権宣言を採択している。世界人権宣言の第二条において、「すべて人は人種、皮膚の色、性、言語、宗教、政治上その他の意見、国民的若しくは社会的出身、財産、門地その他の地位またはこれに類する事由による差別をも受けることなく、この宣言を掲げるすべての権利と事由を享有することができる」と明記されている。しかし、世界人権宣言の後も同性愛者は差別的な法律によって迫害され続けた。アメリカでは、マッカーシー上院議員などにより、共産主義者に対する「赤狩り」と同じく、同性愛者に対する「魔女狩り」が行われ、同性愛者は公職から追放されることとなる。また、法律によって裁かれ、訴追されていった。1950年代、西欧では結婚を重視し、男女の役割をはっきりと分けた望ましい伝統的な価値観を重視する社会が求められ、同性愛者は家族崩壊の象徴や脅威と見なされ、同性愛嫌悪の風潮が蔓延していった。

そのような迫害に対して、ホモファイル（同性愛主義者）を自称する団体によって、ホモファイル運動が行われる。ホモファイル運動では、「同性愛差別問題の根底には情報ないし理解の誤りがある」という考えを共有し、同性愛者に対する無理解が不名誉な偏見や差別の根幹にあると考えた。そのため、ホモファイル運動の主な目的は、同性愛についての科学的研究から同性愛者が社会的に害がないことを示すことと、独自のライフスタイルをもっているが、異性愛者との違いはないことを認めて貰うことであった。ホモファイル運動を先導していたマタシン協会は「われわれは他人とは違わないことを知っている」という言葉をスローガンとし、抑圧的な政策に対して敵意を持って接するのではなく、穏やかな社会的価値観の変容を目指した。こうした行動の中で、同性愛者に対する偏見は徐々に解消され、同性愛者が社交の場に出る機会も増えてきた。

こうした状況の中で、1969年にアメリカのニューヨークにおいてストーンウォールの反乱と呼ばれる事件が起きる。当時、アメリカではソドミー法により同性愛が違法とされており、同性愛者に対する酒類の提供も違法とされていた。そのため、同性愛者の社交場であったバーでは、警察による手入れが日常的に横行し同性愛者が暴行されたり、逮捕されたりしていた。ストーンウォール・インというバーに警察の手入れがあった際に、それまで反抗をしていなかった同性愛者や異性装者が抗議行動をした。その混乱は数日続いたが、それと同時に今まで穏健に社会を変えようとしていたホモファイル運動を非難する「ゲイ解放戦線」が結成される。それにより、おとなしく改革を求めて社会に受け入れられるように期待するのではなく、本当の自己を公の場で表現することで社会を変えようとすることとなる。その方法の一つが同性愛者であることを公表するカミングアウトであり、同性愛者としての誇りを持ち、抗議行動を繰り返した。

その結果として、同性愛者の合法化や脱病理化を勝ち取ることとなる。まず、脱犯罪化の例として、1971年にはアメリカのコロラド州などの5つの州でソドミー法が廃止され、2003年には連邦最高裁がソドミー法に違憲判決を下している。また脱病理化の例としては、アメリカ精神医学会が発行しているDSMにおいて、同性愛は1968年から精神障害の一つとして扱われていたが、1973年にアメリカ精神医学会はDSMから同性愛を削除することを決定した。その後、「同性愛」という名称から「性指向障害」に続いて「自我違和性同性愛」という名称へと変更されるなどの変遷を得ながら、1987年にはそれらの名称も削除され、同性愛を正常範囲内の差異と見るようになった。

第4節 日本における同性愛の歴史

このように、欧米における同性愛は、宗教的な罪の時期、法律的な罪の時期、病理として扱われる時期を経て、現在の個々人の差異として扱われる時期へと変遷してきた。それでは日本の同性愛に対する意識はどのように変遷してきたのであろうか。

欧米とは異なり、日本では、男色文化が古来より認められていた。男色とは、男性間の単なる性的関係ではなく、成人前の年下の男性と成人した男性の間の性行為を含む親密な関係を指す（風間・河口、2010）。男色が登場するのは平安期からであり、鎌倉・室町にかけては稚児と僧侶との男色が、室町後期では主君と小姓との男色など、種々の関係を利用した性処理を目的とした男色であった。そのため、初期の男色は現代の同性愛とは異なり、対等ではない関係に基づいていた。

戦国時代になると、衆道と呼ばれる武家の男色が流行し、男性同士の関係は男女の関係よりも「上」と考えられ、精神的結びつきの強さが見られるようになったという（古川、2001）。17世紀の江戸時代中期になると男色を取り上げた書物が急激に増加し、庶民にも広がるようになった。その理由として、男性が女性の2倍近くとなり、独身男性が増加したためとも考えられている。そのため、初期の男色は上下関係のある性的処理関係であったが、上下関係に基づかない同輩関係の男色も見られてきた。このように、日本において、男性同士の恋愛関係は、広く認められ高尚なものとして捉えられることすらもあった。江戸時代にも男色を取り締まる法があったが、男性同士の性行為そのものは犯罪とみなされていなかった。森鷗外の「ヰタ・セクスアリス」では、男性男色の先輩と後輩の親密な関係が描かれており、特別視していたわけではなかった。男性同士の恋愛が禁止され始めたのは明治以降である。

明治時代に入ると文明開化による欧米文化の流入によって、同性愛に対する価値観も徐々に変化する。江戸時代には高尚なものとして捉えられていた衆道も、徐々に戦国時代の遺物であり野蛮なものとして捉えられるようになる。新渡戸は男色について「野蛮で暴力的な行為であり、精神修養により抑えなければならない」と述べている（リュープ、2014）。男色に対する意識の変化は、明治時代に成立された鶏姦罪がそのことを物語っている。鶏姦とはアナル・セックスを意味する言葉であり、鶏姦をおこなった者には、合意の上であっても懲役90日の処罰をうけ、強姦は懲役10年の処罰を受けるというものであった。鶏姦罪は後に消滅するが、明治時代に入ることで男色が封建時代の野蛮な行為や道徳的退廃とされるきっかけとなった。

この法整備のきっかけとなったのは、学校教育からの要望であったと推測されている。風間・河口（2010）によれば、白川県（現在の熊本県）の学校において男色の悪習が広まり、生徒の勉学に差し障りがあるので取り締まりたいがそのための法律がないことを、明治5年（1872年）に司法省に伺ったことが法律制定の背景にあることが挙げられている。ただし、この時期には法律的に整備されただけであり、同性愛が異常なものとして扱われるわけではなかった。メディアによる鶏姦を罪とする言説にも関わらず、学生間の男色文化は大正になるまでその勢力を維持していた（古川、2001）。

こうした明治時代から大正にかけて存在していた男色を肯定する文化は、大正時期から昭和にかけて崩壊の一途を辿る。そのきっかけとなったのは、同性愛という概念の導出と通俗性欲学の出現である。

「同性愛」という概念の導出のきっかけとなったのは、明治44年（1911年）に新潟県で起きた女学校の卒業生同士の心中事件であると言われている。それまで、男色という言葉に表されるように日本における同性愛は男性同士の恋愛を表すことが主であった。これは男性が社会に進出する一方で、行動の制限をされていた女性には社会での出会いがなかったために、男性同士の恋愛が目に付きやすかったためとも考えられる（風間・河口、2010）。しかし、明治後期に入り産業構造が変化する中で、女学校が設立され、女性も学生という立場ではあるが社会に進出するようになっていった。その中で、女学校における女子学生同士の恋愛も盛んになっていった。ただし、女学校における目的はあくまでも「男性を支える良妻賢母の育成」であり、女学生同士の恋愛は教員にとっての悩みの種であった。そのため、新潟県における心中事件がきっかけとなり、教育関係者などによって「正しい友情」と「間違った恋愛」の区別がされるようになった（古川、2001）。そして、特に男性同士の恋愛を示す「男色」や「鶏姦」という言葉では包含できない女性同士の恋愛も含む用語として「同性愛」という概念が導出されるようになった。

また、同性愛に対する態度を変容させた背景の一つが通俗性欲学という学問である。これは、クラフト＝エビングの著作である「変態性欲論」によって影響を受けた人々が一般大衆に向けて性的な知識を啓蒙しようとした学問を指している。通俗性欲学を代表する性科学者の澤田順次郎と羽太鋭治は『変態性欲論』という著作の中で、同性愛を「性欲本能の倒錯」や「正常ならざる性欲」を意味する「変態性欲」の一つであり、「不自然な性欲」として表現した。変態性欲には、欧米と同様に、同性愛だけではなく自慰行為やフェティシズム、サディズム・マゾヒズムなどの行為も異常な性として含まれていた。つまり、異性同士で惹かれあう恋愛が正常であり、同性同士で惹かれあう恋愛は異常であるとして広く社会に浸透していくことになる。『変態性欲論』では、さらに、「男性は能動的であり、女性は受動的であることが正常である」旨の記述があり、現在まで続く「男性らしさ」と「女性らしさ」のイメージをも含んでいた。このような、通俗性欲学の通説は、正常と異常を切り分けることであり、先述した「正しい友情」と「間違った恋愛」の教育と同様に、個人の中に正常と異常という規範を内在化させていった。

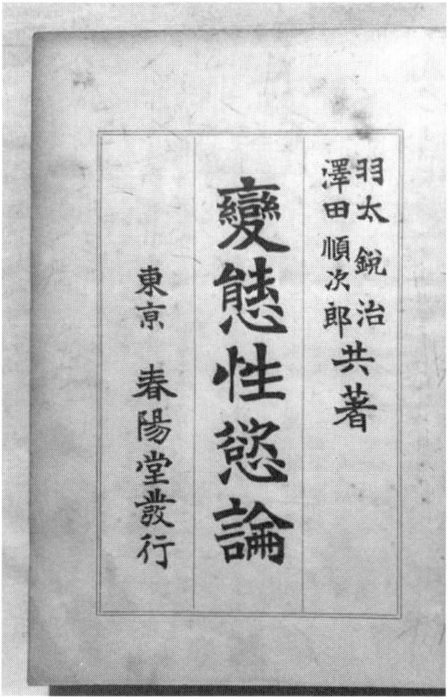

図 5-3　『変態性欲論』（羽太・澤田、1915）

古川（2001）によれば、通俗性欲学の考えが普及した背景には「家庭の内部に性が閉じ込められたこと」と「メディアの発達」が挙げられている。大正時代には、現在の核家族にも似た夫婦と子ども中心の家族が新しい形態の家庭として成立し始める。そのような新しい家庭では、主婦の大きな仕事として子育てが挙げられ、男の子であれば自慰の問題、女性であれば同性愛の問題について親は注意深く避けることによって「正しい子ども」を育てるという考えが根付いていた。このように、変態性欲が示す異常な性について敏感になっていったために、通俗性欲学が普及していったと考えられている。

また、メディアの発達も、同性愛を異常なものとして駆り立てる要因の一つであった。メディアが発達することで、大衆社会にセンセーショナルな出来事を広めることが容易となった。通俗性欲学者はメディアを利用し、性病や自慰、同性愛などの危険性をおおげさに騒ぎ立て、人々の恐怖心をあおり立てた。そして、異常な性をクローズアップすることで、商業的な立場から著作の出版や性病の治療薬の販売などを促していった。そういった手法を批判する人々もいたが、そういったセンセーショナルな通説は猟奇的な娯楽として人々に受け入れられ、「同性愛は異常である」という規範が個々人に内在化されていった。

同性愛に対する意識が変化の兆しを見せ始めるのは、戦後であった。アメリカでのストーンウォール事件に呼応するように、1970年代には日本でも同性愛者による社会運動が活発になる。学生運動家などによる国会議員選挙への立候補やゲイ解放運動グループの出現などが見られたが、数年で消滅するなど、活動は困難を極めた。しかも、1980年になるとエイズが日本で騒がれるようになる。エイズとは、ヒト免疫不全ウイルス（HIV）の感染が引き起こす免疫システムの崩壊によって生じる病気の総称である。HIVは、インフルエンザのように空気感染をするわけではなく、血液や精液などの体液が直接体内に入ることで感染する。このエイズが同性愛者に対する偏見を強めることとなる。

日本における初めての感染者はアメリカ在住の男性が一時帰国していた際の検査で発見された。新聞やテレビのニュースでは、この男性と同居していた男性がエイズで亡くなったという情報が発信された。エイズ感染した男性が同性愛者であるということは明確に示されていなかったが、男性同性愛者ということが暗に示される情報であったために、男性同性愛者とエイズが結びつきを強めるきっかけとなる。その後、風俗産業に勤務していた外国人女性や、男性同性愛者と同居していた日本人女性が感染したことで、男性同性愛者や性風俗産業で働く人々がエイズにかかっているという誤ったイメージが固着していく。そして「エイズパニック」という現象が日本各地で起きるようになる。先述のように、HIVは体液によって感染するものであるが、まだエイズの詳細がわからなかった当時はちょっとしたことでも空気感染する、つまり近くにいたら感染する病気であると勘違いされていた。エイズパニックとは、エイズ感染者を特定したりし、接触を拒否することで、エイズに感染しないように過剰な反応を示す社会現象であった。

エイズパニックが原因となり、エイズ感染者＝男性同性愛者であり、男性同性愛者に近寄ると感染する可能性が高いという誤解も生まれた。くしくも『変態性欲論』で示されていたような「男性同性愛という異常な性で生じやすい病気」という男性同性愛者を病気と見なすような図式にも似た、非常に短絡的で偏見に満ちた構造が生まれたのである。その結果として、男性同性愛者に対する偏見や忌避感情はより一層強まることとなる。

しかし、エイズ感染の広がりをきっかけに、男性同性愛者へのサポートや政治的な取り組みをおこなう団体も誕生する。そして、同性愛者に対する人権擁護の活動も活発になってくることとなる。その後、「感染症予防法」の成立によりエイズに対する捉え方も変化することとなる。それまで「エイズは男性同性愛者の病気」として捉えられてきたが、同性愛者以外のエイズ感染者が現れることによって、「エイズは誰もが感染する病気である」という認識が強まってきた。

さて、日本における同性愛の歴史を紐解いてきたが、男色・衆道、鶏姦、変態性欲、同性愛という様々な呼び名で同性愛が扱われてきた。欧米とは異なり、宗教上・道徳上の罪として同性愛が扱われてきておらず、むしろ明治以降の急速な欧米化の影響や学校教育や性教育における「正常」と「異常」の区別を明確にすることによって、同性愛に対する偏見や差別に繋がってきたようである。それでは「正常」と「異常」の区別することによって、人は何を獲得するであろうか。

第5節　同性愛への嫌悪

先述のように、クラフト＝エビングによる「変態性欲論」などにより、同性愛は生まれつきの病理であるという主張がなされるようになり、アメリカ精神医学会による「精神障害の診断マニュアル（DSM）」や、世界保健機構（WHO）による「疾病及び関連保健問題の国際統計分類（ICD）」においても、同性愛は病気として扱われていた。しかし、DSM は1987年に、ICD は1990年に診断分類から除外しており、ホモセクシュアリティは病気として扱われなくなった。

しかし、同性愛が病気として扱われなくなっても、同性愛に対する嫌悪、差別、偏見、恐怖は依然として残されている。たとえば、1980年代には、男性同性愛者がエイズウィルスに感染したことに伴い、エイズ＝同性愛者と偏見に満ちた短絡的な結びつきが形成された（風間・河口、2010）。また、1990年代には、テレビにおいてホモやオカマ、レズという言葉は嘲笑の対象として扱われ、男性同性愛者に扮したキャラクターが笑いものにされてきた。2000年以降もインターネット上では男性同性愛者向けのビデオが笑いの種として使われ、いまだにLGBTに対する偏見に満ちあふれている。そのような同性愛に対する否定的価値観は同性愛嫌悪（ホモフォビア）と呼ばれる。同性愛嫌悪は、同性愛者に対するスティグマとなり、自身が同性愛というマイノリティであることへのストレスを生み出す。スティグマとは、元来、奴隷、犯罪者、反逆者などにつけられた烙印を表し、特定の集団に対する否定的な認知・感情・行動を表す概念であり、差別や偏見の対象となる特性である。

欧米における同性愛に対する偏見は、女性よりも男性の方が抱きやすく（Herek, 2002）、男性同性愛者に対する態度が最も否定的であることが示唆されている（Kite & Whitley, 1996）。日本においても、葛西・田中（2020）は、中学生・高校生・大学生の同性愛への態度を検討している。LGBに対する態度は寛容的肯定、肯定・恋愛、動揺・否定、直接的体験の4つの因子によって構成される尺度で測定された。年齢が高くなるほど同性愛に対して肯定的に寛容であった。また、友人知人が同性愛であっても嫌ではないが、兄弟姉妹となると否定的になり、同性から恋愛対象として見られることに動揺や否定的な感情を抱くことも明らかにされた。「同性友人との関係において友達から異質な存在として見られることに対する不安」である被異質視不安が高まるほど、動揺・否定の感情が高まっていた。一方で、直接的経験は年齢が高まるほど増えることが明らかになった。織田・野村（2020）が、大学生の同性愛に対する態度を検討した結果、男性は、ゲイに対してよりレズに対して受容感が高かったが、女性ではゲイとレズビアンに対して受容感に差が見られなかった。

それでは、なぜ同性愛に対する嫌悪が生じるのか。同性愛に限らず偏見は、心理学において、「集団間関係」と「個人差」によって説明される（図5-4）。

まず、「集団間関係」による説明では、同性愛に対する嫌悪の背景にステレオタイプの存在を仮定している。ステレオタイプとは、ある社会的カテゴリーに対して共通して有していると信じられている特徴であり、特に否定的評価や感情を含むステレオタイプは偏見と呼ばれる（上瀬、2002）。人は、あるカテゴ

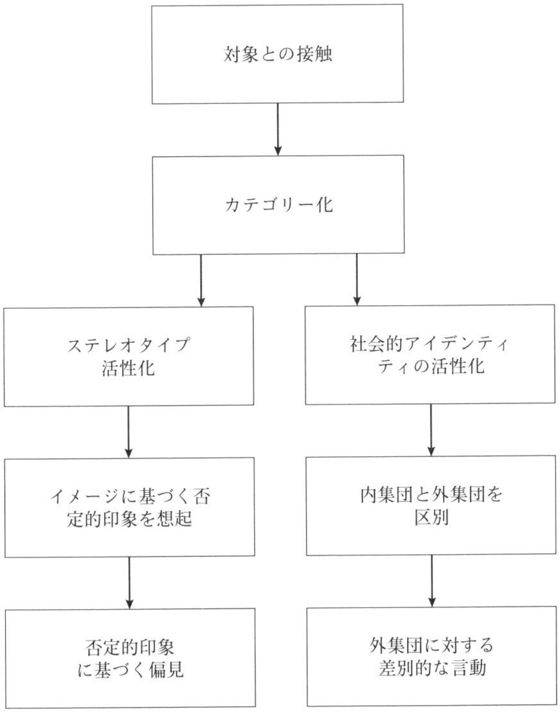

図５-４　ステレオタイプと社会的アイデンティティ理論による偏見と差別が生じるメカニズム

リーに含まれるものとそうでないものを瞬時に区別するカテゴリー化を行う。たとえば、人は身長が高く筋肉質な体型の人を見たときに、その人を「男性」というカテゴリーに当てはめ、髪が長く、スカートを履いている人を見たときに、その人を「女性」というカテゴリーに当てはめる。そのようなカテゴリー化を通して、同一カテゴリーに含まれる対象の類似性が強調されたり（同化効果）、カテゴリーに含まれる対象と異なるカテゴリーに含まれる対象との差異が強調されたり（対比効果）し、カテゴリー間の境界が明瞭になる強調効果がもたらされる（北村・唐澤、2018）。カテゴリーに分類した後、そのカテゴリーに最も特徴的なイメージであるステレオタイプが活性化する。その際に、ステレオタイプが否定的なものである場合、否定的な印象に基づいて偏見が形成される。したがって、同性愛者という存在に触れた時、自身とは異なる存在としてカテゴリー化し、否定的な特徴が強調されたステレオタイプが活性化し、偏見を持って対応してしまう可能性がある。

一方、「個人差」に基づく差別的な言動は、社会的アイデンティティ理論（Tajfel & Turner, 1986）から説明がなされる。社会的アイデンティティとは、自身が所属する社会集団によってもたらされる自分らしさを定義する重要な要素である。たとえば、「自己紹介をしてください」と訊ねられたとき、「東京都町田市出身で、大学に勤めています」などと出身地や職業を述べるかもしれない。この時、「町田市出身の人々」や「大学に勤めている人々」という社会集団に所属することが、自身を構成する重要な要素となる。

社会的アイデンティティは、常に意識されるわけではなく、社会的文脈において意識される。自己紹介を日本でする場合には上記のようになるかもしれないが、一方、海外で自己紹介をするなら「日本人で、大学に勤めています」と日本人であることを強調するかもしれない。言い換えると、海外にいる時は「町田市出身の人々」に所属していると意識するよりも、「日本人」に所属していると意識する。つまり、自分が所属する社会集団と対比・比較される他の社会集団と接する文脈において、意識される社会的アイデンティティが異なる。ステレオタイプによるカテゴリー化を対象だけではなく、自分自身にも行う自己カテゴリー化によって社会的アイデンティティが活性化されるということである。

他の集団との対比によって意識された社会的アイデンティティは日常生活において重要な機能を持つ。人は日常生活において適応的に生活するために、肯定的な自己概念の形成と自尊心の維持・高揚をしようとする。社会的アイデンティティを変化させることは容易ではないことから、社会的アイデンティティを傷つけないように、自分自身が所属する集団（内集団）と所属しない集団（外集団）を比較し、内集団が外集団よりも優れた特徴を持つように動機づけられる（鈴木・池上、2015）。その結果として、内集団と外集団との境界が曖昧になり、両者の弁別が困難になると外集団に対して差別的な態度を示して、内集団と外集団の明確な弁別性を維持しようとする（Branscombe, Ellemers,

Spears, & Doosje, 1999)。つまり、社会的アイデンティティ理論に基づけば、外集団であるはずの男性同性愛者が、男性という観点で類似した特徴を有していることで、内集団と外集団の境界が曖昧となっているために、差別的な態度をとり、境界を明確にしていると仮定される。

この観点に基づくと、男性異性愛者が男性同性愛者に対して否定的な態度を示すのは、男性としての自己評価を肯定的に維持するためであると考えられる（鈴木・池上、2015）。Falomir-Pichastor & Mugny（2009）は、「自分が男性／女性であることを誇りに思っている」などの性別に基づくジェンダー・アイデンティティに対する自己評価をジェンダー自尊心と定義し、ジェンダー自尊心と同性愛者への態度との関係を検討した。その結果、ジェンダー自尊心が高い男性異性愛者は、同性愛者に対して否定的な態度を持ちやすいが、その否定的な態度は同性愛者と異性愛者の生物学的な相違があることを示す情報を提供することで好意的に変化することが明らかになった。言い換えると、ジェンダー自尊心が高い男性異性愛者は、男性という点で同一の特徴を有する男性同性愛者に対して差別的な態度をとることで内集団と外集団の区別を明確にするが、男性同性愛者と男性異性愛者が生物学的に異なる存在であることを示す情報によって差別的な態度を取らずに内集団と外集団を区別することを可能にしていることを示している。

日本においても、ジェンダー自尊心と差別的な態度との関係が検討されている（鈴木・池上、2015）。その結果、海外の研究と異なり、ジェンダー自尊心に関わらず男性異性愛者は男性同性愛者に対して差別的な態度を抱いていなかった。また、男性同性愛者と男性異性愛者が生物学的に類似している特徴を有するという情報を提供された場合には、男性異性愛者は男性同性愛者に対して差別的な態度をとるが、生物学的な違いが明確になるほど、男性異性愛者は男性同性愛者に対して擁護的な態度をとっていた。これは、日本においては、欧米と比較して、男性としての自尊心を維持するうえで性指向が相対的に低いために生じた結果である可能性が示唆されている。一方、女性異性愛者はジェンダー自尊心が高いほど、女性同性愛者に対して好意的な態度を有するという男性異性愛者とは対照的な結果が得られている。女性の中核となる特徴は共同性であり、共同性が高いことは「思いやりをもって人と接すること」が含まれる

(土肥・廣川、2014)。つまり、ジェンダー自尊心が高い女性は、共同性の高さである女性異性愛者に対する擁護的な態度を示すことでジェンダー自尊心を維持していると考えられる。

以上のように、同性愛者に対する嫌悪が生じる原因をステレオタイプ、社会的アイデンティティ、ジェンダー自尊心という観点から見てきた。同性愛者を取り巻く環境は変化しても、従来からのイメージを払拭するためには様々な障害があることが明確である。

第6節　性的マイノリティに対する支援

これまで性的マイノリティの精神的な問題、同性愛の歴史、同性愛への嫌悪という性的マイノリティを取り囲む様々な問題を取り上げてきた。それでは、性的マイノリティの人々に対して、どのような支援が求められているのであろうか。

近年、ダイバーシティ＆インクルージョンという考え方が普及しはじめている。これは、人々のダイバーシティ（多様性）をお互いにインクルージョン（包摂）することの重要性を説いた考え方である。具体的には、年齢、性別、国籍、性自認・性的指向、宗教、障がいの有無、価値観などの多様性を互いに尊重し、認め合うことを指す。企業組織や小学校・中学校・高等学校・大学、さらには市民団体やサークルなど、人々が集まり活動をする組織や集団においては、様々な価値観や態度を持つ人々が集まり、必ずしも同じ価値観や考え方の人ばかりではない。従来は、「一枚岩」に表されるように、個人の価値観や考えを同じものにすることこそが正しく、異なる価値観や考えを認めないような風潮があった。しかし、近年では過労死問題やブラック部活動問題など組織や集団を過剰に偏重する考え方が問題となるにつれて、ワーク・ライフ・バランスやワーク・エンゲージメントなど個人の働き方に関する価値観や考え方こそを重視するような社会的な情勢へと変遷してきている。また、ダイバーシティ＆インクルージョンという考え方は、そのような社会の問題を解決するために、生み出された考え方である。

それでは性的マイノリティに対するダイバーシティ＆インクルージョンはど

のように行われているのであろうか。三菱 UFJ リサーチ & コンサルティングは令和元年に厚生労働省からの委託を受けて、「職場におけるダイバーシティ推進事業」に関する調査を実施している。その中で、性的マイノリティの当事者が抱える困難として、カミングアウトの難しさが挙げられていた。性的マイノリティ当事者は、自身の性的指向や性自認を他人に知られることによって差別やハラスメントを受ける可能性を考慮して、他者に性的指向や性自認を伝えづらいという現状がある。そうなると、性的指向や性自認を隠しながら人と付き合わなければならないため、プライベートな話ができずに職場での孤立や転職につながりやすい。

また、羽田野・多久島・末永・大坪・岩村（2019）は、大学生の LGBT に対する実態について調査している。その中で、調査に参加した大学生が同性愛者であることをカミングアウトされた経験率は 10.8% であり、心と体の性が一致しないことをカミングアウトされた経験率は 4.4% であった。大学生活の中で困ったことは更衣室（25.3%）、トイレ（23.3%）、相談体制（14.0%）が多かった。カミングアウトされた経験の低さや、施設の利用などで困難が生じるのはカミングアウトできないことによる問題の一端であるとも考えられ、大学生においてもカミングアウトができないことに問題があると考えられる。

心理学において自分のありのままの姿を他者に対して伝える行為は「自己開示」と呼ばれ、自己開示ができないことは「開示抑制」として研究されている。開示抑制研究（畑中、2019）によれば、開示抑制行動をしてしまう背景には、相手に対する信頼感が欠如していることや否定的な自己への不安という側面がある（図 5-5）。相手に対する信頼感の欠如とは「相手に話しても大丈夫か？」という適切性の考慮と「相手から嫌われないか？」という評価懸念に分類される。開示抑制研究を踏まえると、性的マイノリティの人々がカミングアウトできない背景には、他人を信頼できないという不安があると考えられる。

このようにカミングアウトできない不安は、アウティングという問題を孕んでいる。アウティングとは、性的マイノリティ当事者自身が同性愛をカミングアウトするのではなく、第三者が他者の同性愛を流布することである。アウティングが広く知れ渡った事件として、一橋大学アウティング事件がある。この事件は、同性愛者だった男子学生が異性愛者の友人に対して恋愛感情を抱いて

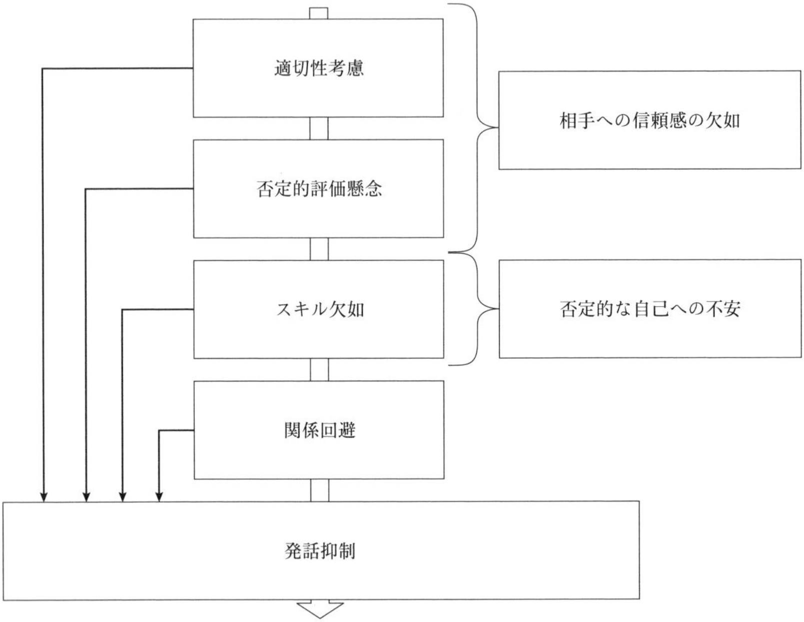

図5-5 発話抑制行動決定過程 畑中（2019）を参考に作成

いることを告白したところ、後日、共通の友人に対して男性異性愛者の友人がアウティングをしたことをきっかに、同性愛者だった男子学生が心身に不調をきたして転落死したとされる事件である。遺族側は大学と告白された友人に対して損害賠償を求める民事訴訟を起こした。結果としては、遺族側の請求は棄却されたが、「人格権ないしプライバシー権などを著しく侵害するものであり、許されない行為であることは明らか」と、アウティングについての違法性について言及した日本初の判決であった。このように、カミングアウトすることによってアウティングされるかもしれないという不安は、カミングアウトをしづらくする原因の一つであると考えられる。

それでは、カミングアウトされた場合、実際に人々はどのような反応をするのであろうか。性的マイノリティに対する意識に関してもさまざまな調査が実施されている。たとえば、大学生がLGBTの学生に対して支援をしたいと思うかに対して、思うと回答した人が46.9%であり、思わないが5.2%、わからないが45.7%であった（羽多野他、2019）。一方で、知人が同性愛者であった場合に嫌だと感じる割合は、1.57%（嫌だ）、13.93%（どちらかといえば嫌だ）、同じ大学の人が同性愛者であった場合に嫌だと感じる割合は、12.13%（嫌だ）、1.12%（どちらかといえば嫌だ）、きょうだいが同性愛者だった場合に嫌だと感じる割合は11.24%（嫌だ）、24.72%（どちらかといえば嫌だ）であった（須長・小倉・堀川・倉田・正木、2019）。また、高校生では、LGBTを許容する生徒が5〜6割であり、中高年では4割程度であった。一方で受け入れがたいと回答した人が14%であった（田中・貞松・武谷、2018）。OECDによる調査でも、若い世代の方が性的マイノリティに対する受容度が高く、教育レベルが高く都会に居住する場合に受容度が高かった。

さらに、カミングアウトされた時の反応として、女性が共感的態度を示すのに対して、男性は同情や興味、どうでもよいという態度を示すことが明らかにされている（須長他、2019）。加えて、カミングアウトしたことによって「無知、揶揄、茶化し、笑い、冷やかし、文章表現のちょっとした遊び」となって表れる傾向があること、同性愛者への差別が場の空気・雰囲気で疎外し排撃する傾向があること（小宮、2015）が指摘されている。

このように、同性愛は病理ではないとされてきたものの、いまだに同性愛に対する偏見や差別は多い。同性愛者は同性愛嫌悪などのスティグマに晒されている。そのため、同性愛者は精神的健康が悪化している。結果として、性的マイノリティ当事者は、さらにカミングアウトができないという悪循環になっていると推測される。

このような現状を解決するためには、「他者からの受容」が重要になると考えられる。性的マイノリティ当事者が他者からの受容によって、精神的な健康が高まり、他者から拒絶される感覚が低下することが明らかになっている（石丸、2014）。石丸（2014）では、異性愛者においても同性愛者においても、他者からの受容感が自尊心を高め、拒絶に対する不安を低めていたが、異性愛者よりも同性愛者の方が他者からの受容感が自尊心に及ぼす影響が強いことを明らかにした。他者からの受容が重要であるにも関わらず、同性愛者は同性愛に対する嫌悪を自身の中に内在化しているために、同性愛であるということが他人に受け入れられないと考えている。つまり、性的マイノリティ当事者がカミングアウトをしやすい環境を創出するためには、何よりもまずカミングアウトされる側が受容的な態度で相手と接することが重要になる。性的マイノリティ当事者が学校教育に求めるものについて実施された面接調査の結果、「何を望んでいるのかをじっくり聞くことを大切にする」ことと、「児童生徒のプライバシーを守る」ことが求められていた（佐々木・天野・大守、2019）。ダイバーシティ＆インクルージョンの考えに基づき、多様な性について正しい情報に触れる機会を増やしたり、違いを認め合う、多様性を認め合う環境を生み出すことが性的マイノリティの人々が自分らしく恋愛していくための重要な要素になってくるのではないだろうか。

引用文献

オールドリッチ，O. 田中英史・田口孝夫（訳）（2009）．同性愛の歴史　東洋書林

Branscombe, N. R., Ellemers, N., Spears, R., & Doosje, B.（1999）. The context and content of social identity threat. In N. Ellemers, R. Spears, & B. Doosje（Eds.）, *Social identity: Context, commitment, content*. Oxford, England: Blackwell Science. pp. 35–58.

コンラッド，P.・シュナイダー，J. W. 進藤雄（訳）（2003）．逸脱と医療化　ミネルヴァ書房

電通ダイバーシティ・ラボ（2015）．LGBT 調査 2015. Retrieved from https://www.dentsu.co.jp/news/release/2015/0423-004032.html

電通ダイバーシティ・ラボ（2018）．LGBT 調査 2018. Retrieved from https://www.dentsu.co.jp/news/release/2019/0110-009728.html

電通ダイバーシティ・ラボ（2020）．LGBTQ＋調査 2020. Retrieved from https://www.dentsu.co.jp/news/release/2021/0408-010364.html

土肥伊都子・廣川空美（2004）．共同性・作動性尺度（CAS）の作成と構成概念の妥当性　心理学研究，*75*, 420–427.

Falomir-Pichastor, J. M. & Mugny, G.（2009）. “I’m not gay....I’m a real man!”: Heterosexualmen’s gender self-esteem and sexual prejudice. *Personality and Social Psychology Bulletin*, *35*, 1233–1243.

古川誠（2001）．「性」暴力装置としての異性愛社会——日本近代の同性愛をめぐって　法社会学，*54*, 80–93.

羽太鋭治・澤田順次郎（1915）．変態性欲論　春陽堂

羽田野花美・多久島寛孝・末永芳子・大坪昌喜・岩村純子（2019）．大学生の LGBT に関する実態　熊本保健科学大学研究誌，*16*, 141–150.

畑中美穂（2019）．第 3 章 会話場面における開示と抑制——話すこと／話さないことの意

味　松井豊（監）対人関係を読み解く心理学――データ化が照らし出す社会現象　サイエンス社

Herek, G. M. (2002). Gender gaps in public opinion about lesbians and gay men. *Public Opinion Quarterly*, *66*, 40–66.

日高庸晴（2000）．ゲイ・バイセクシュアル男性の異性愛者的役割葛藤と精神的健康に関する研究　思春期学，*18*（3), 264–272.

日高庸晴（2007）．社会調査から見た性的指向と健康問題　神戸女学院大学女性学評論，*21*, 49–66.

Hidaka, Y. & Operario, D. (2006). Attempted suicide, psychological health and exposure to harassment among Japanese homosexual, bisexual or other men questioning their sexual orientation recruited via the internet. *Journal of Epidemiology & Community Health*, *60*, 962–967.

石丸啓一郎（2014）．第4章　セクシャル・マイノリティの自尊感情とメンタルヘルス　針間克己・平田俊明（編）セクシャル・マイノリティへの心理的支援（pp.50–59）岩崎学術出版社

上瀬由美子（2002）．ステレオタイプの社会心理学――偏見の解消に向けて　サイエンス社

葛西真紀子・田中美月（2020）．中学生・高校生・大学生の同性愛者（LG）への態度と被異質視不安傾向・異質拒否傾向との関連　鳴門教育大学研究紀要，*35*, 1–13.

風間　孝・河口和也（2010）．同性愛と異性愛　岩波書店

北村英哉・唐沢　穣（2018）．偏見や差別はなぜ起こる？　心理メカニズムの解明と現象の分析　ちとせプレス

Kite, M. E. & Whitley, B. E. Jr. (1996). Sex differences in attitudes toward homosexual persons, behaviors, and civil rights: A meta-analysis. *Personality and Social Psychology Bulletin*, *22*, 336–353.

小宮明彦（2015）．同性愛嫌悪をめぐる日英（教育）文化比較――明示的差別の国イギリスと黙示的差別の国日本　教育学研究室紀要「教育とジェンダー」研究，*12*, 30–41.

リュープ，G. P. 松原國師・藤田真利子（訳）（2014）．男色の日本史――なぜ世界有数の同性愛文化が栄えたのか　作品社

LGBT総合研究所（2016）．LGBTに関する調査2016. Retrieved from https://www.hakuhodo.co.jp/news/newsrelease/27983/

LGBT総合研究所（2019）．LGBTに関する調査2019. Retrieved from https://lgbtri.co.jp/news/2410

日本労働組合総連合会（2016）．LGBTに関する職場の意識調査 Retrieved from https://www.jtuc-rengo.or.jp/info/chousa/data/20160825.pdf

Jones, M. J. (2021). LGBT Identification Rises to 5.6% Latest U.S.Estimate, Gallup. Retrieved from https://news.gallup.com/poll/329708/lgbt-identification-rises-latest-estimate.aspx

織田暁子・野村　凌（2020）．ゲイ・レズビアンに対する意識の性差――個人的受容感・

社会的受容感の比較から　仁愛大学研究紀要 人間学部篇，*18*, 77–85.

OECD（2019）. Chapter1 The LGBT challenge: How to better include sexual and gender minorities?, Society at Glance 2019.

OECD（2020）. Over the Rainbow? the Road to LGBTI Inclusion.

佐々木新・天野佑美・大守伊織（2019）．成人期以降の性的マイノリティ当事者が学校生活を振り返って，学校教育に求めること　岡山大学大学院教育学研究科研究集録，*171*, 39–46.

佐藤洋輔・沢宮容子（2018）．同性愛者・両性愛者の抑うつ・不安を高める媒介モデルの検証　心理学研究，*89*, 356–366.

性的指向および性自認等により困難を抱えている当事者等に対する法整備のための全国連合会（2019）．性的指向および性自認を理由とするわたしたちが社会で直面する困難のリスト（第3版）Retrieved from http://lgbtetc.jp/wp/wp-content/uploads/2019/03/%E5%9B%B0%E9%9B%A3%E3%83%AA%E3%82%B9%E3%83%88%E7%AC%AC3%E7%89%88%EF%BC%8820190304%EF%BC%89.pdf

杉山貴士（2006）．性的違和を抱える高校生の自己形成過程　技術マネジメント研究，*51*, 67–79.

須長史生・小倉浩・堀川浩之・倉田知光・正木啓子（2020）．性的マイノリティに対する大学生の意識と態度：第2報　昭和学士会雑誌，*79*, 734–751.

鈴木文子・池上知子（2015）．異性愛者のジェンダー自尊心と同性の同性愛者に対する態度　社会心理学研究，*30*, 183–190.

Tajfel, H. & Turner, J. C.（1986）. The social identity theory of intergroup behavior. In S. Worchel & W. G. Austin（Eds.）, *Psychology of intergroup relations*. Chicago: Nelson-Hall. pp. 7–24.

田中敏明・貞松敏裕・武谷美咲（2018）．LGBTの知識と理解に関する世代間格差　九州女子大学紀要，*54*, 115–127.

第６章
日本の近現代文学と恋愛
――多様性を受け入れる恋愛小説

第１節　身近にあふれる恋愛の物語

私たちにとって恋愛とは必ずしも、自らの身体や行動をともなって直接体験するものばかりではない。たとえば、小説やエッセイ、テレビや映画、マンガ、アニメ、ゲームなどを通して紡がれる「恋愛の物語」は、疑似的かつ間接的にではあるものの、多様な恋愛の世界に身を置く機会を私たちに与えてくれる。また、古今東西を問わず、恋愛のバイブルと称されている作品は枚挙に暇がなく、これらの作品が描き出す物語が恋愛観の形成を促したり、ひいては、告白、交際、愛情表現といったリアルな恋愛行動をとるに際して、その指針・指標として役立ったりすることも決して珍しくないだろう。

そして、恋愛の物語に出会い、さらにはそれを契機に得られる経験の蓄積を経て私たちは、「恋愛」のイメージや理想形を獲得するにとどまらず、時には「こんな恋愛をしてみたい（あるいは、絶対にしたくない!!）」という思いや衝動を募らせていく。他方で、もうすでにリアルな恋愛を体験している／してきた場合であっても、恋愛の物語にあらためてふれてみることは、自らの直接体験を踏まえながらいま一度、「恋愛とは何か？」に向き合っていく時間をもたらしてくれるだろう。すなわち、今や私たちの身近にあふれる恋愛の物語とはことほどさように、恋愛にまつわる感情や考え方はもちろんのこと、実際の恋愛行動にも大きな影響を及ぼす力を秘めているのである。

ところで、ひとくちに「恋愛の物語」または「ラブストーリー（Love story）」といっても、物語の内容や提供元のメディア（媒体）はじつに多種多様である。内容による大まかなジャンル分けを行ってみても、純愛ものに悲恋もの、ボーイズラブ（BL・やおい）にガールズラブ（GL・百合）、コメディにロマンスと、複数の候補が思い浮かぶだろう。また、受容者の年齢層や性別、恋愛に求める心情やシチュエーションなどの違いにとどまらず、物語を享受したいメディアや表現形態のニーズにも細かく対応できるほど、それぞれのジャンル内には豊富な作品のバリエーションが存在しているのである。その一端を垣間見るべく、ここではサンプルとして、多彩な作品の宝庫である小説を取り上げてみたい。

たとえば、ハイブリッド型総合書店「honto」（https://honto.jp/）が実施した恋愛小説の選書特集を見てみよう[1]。この特集では4つの異なる選書テーマに加え、その下位に設けられた複数のカテゴリにそって作品がピックアップされている。一例として、「なりたい気持ちで選ぶ・感情別のオススメ恋愛小説」というテーマであれば、①「胸がきゅ〜っとなる！あの頃のトキメキをもう一度体験できる本」、②「痛みを感じるほど、本気の恋。女性作家が描く恋の終わりをかみしめる恋愛小説」、③「失恋したら思いっきり涙を流そう！泣いてスッキリできる恋愛小説」、④「激しい恋がしたくなる！？恋に忠実な登場人物たちに心がきゅっとするラブストーリー」、⑤「ドラマチックな世界にとことんひたる！運命の恋を疑似体験できる小説」というように、物語の特徴的な内容や読者の読後感を示す5つのカテゴリを設定し、各カテゴリに見合う作品を紹介しているのである。また、以下は②、④、⑤に付されているリード文の引用であるが、読者の感性やさまざまな読書ニーズを想定して書かれたこれらの内容からも、恋愛小説のバリエーションの豊かさをうかがい知ることができよう。

> たいていの恋はいつか終わるもの。そのときには心も体も、とてもショッ

1）honto「恋愛小説特集」。なお、この選書特集の趣旨は、「恋愛小説では様々な恋愛模様が描かれます。その切り口は多彩で、大人からこどもまで人の種類の数だけあり、中には動物や人外のものもあります。また、感動ものや切ない作品、ラブコメなど、テイストも豊富です。ここでは恋愛小説を様々なテーマのブックツリーでご紹介します」と説明されている。

クを受けるでしょう。そんな切ない恋の終わりまでを女性作家が描いた、心に響く恋愛小説をご紹介します。終わった恋を肯定したい気分の女性、女心の深みを知りたい女性だけなく、ドラマチックな恋に憧れる女性にもオススメします。（②リード文）

恋心が、いつも穏やかな恋愛に辿りつくとは限りません。大好きだからこそ、暴走することも残酷な結末を迎えることだってあります。恋の欲望に忠実な人たちは、どんな状況でも立ち止まることを知らず、いつも全力疾走です。向こう見ずな登場人物たちを見ていると、自分も激しい恋がしたくなるかもしれない、そんなラブストーリーを厳選しました。（④リード文）

心の片隅で運命を信じているあなたのために、アラサーから喜寿までの男女が運命の人にめぐりあう珠玉の恋愛小説を集めました。「運命の恋」とは相手のために自分を犠牲にすることを厭わない、ときには自分を愛してくれることさえも求めない恋。現実から少し離れて、ドラマチックな世界を存分に体験してみませんか？（⑤リード文）

私たちを多様な恋愛の世界へと誘ってくれる、数多の「恋愛の物語」――。では、これほどの多彩さを保ちつつ、現在まで連綿と作品の創作が続けられてきた背景には、いったい何があるのだろうか。また、ジェンダー（社会的性別）やLGBT（性的少数者）をめぐる議論をはじめ、恋愛の多様性が社会的な注目を集めている昨今、恋愛の物語はこの状況下で何を描き、私たちはそこから何を考えていくことが肝要なのか。本章では、先ほどサンプルとして取り上げた恋愛小説のなかでも、近現代文学の作品やその周辺に引き続き着目しながら、前述の問いに対するアプローチを試みたい。なお、作品等の本文引用にあたっては便宜上、旧字体の漢字を新字体へと改め、ルビを省略した箇所がある。

第2節　「恋愛」という言葉の登場

恋愛小説をめぐる話題へと移る前に、まずは、作品の創作にとって不可欠なテーマである恋愛そのものに着目してみたい。具体的には、「恋愛」という言葉が日本に登場してきた経緯等を確認することで、近代的な小説との接点が生じた状況を把握するための布石としたい。ちなみに、日本の国民的辞典として知られている『広辞苑』（岩波書店）では「恋愛」を、「（love の訳語）男女が互いに相手をこいしたうこと。また、その感情。こい。」であると説明している[2)]。したがって、現在の日本ではおおむね、上記に準じた意味で「恋愛」という言葉が捉えられていると、ひとまずは見なすことができるだろう。

さて、『広辞苑』の語釈にもあったとおり、もともと「恋愛」とは英語の名詞の love、つまりは西洋の言葉をもとに成立した訳語であり、その端緒は明治時代にまで遡るといわれている[3)]。また、今日的意味を持つ「恋愛」が日本語の辞書に初めて登場したのは、『仏和辞林』（仏学塾）の1887年（明治20年）版であったとされ、ここでは amour の訳語として「恋愛」が見られたのだという[4)]。

とはいえ、おそらくは明治以前の日本にも、現在の私たちから見れば「恋愛」と判断しうる感情や考え方、あるいは行動の数々が存在していたことだろう。ただし、それらは伝統的に「色」「情」「恋」「愛」といった別の言葉であらわされてきたのである。そしてこれらの言葉は長らく、儒教や仏教の影響下で形成された思想を背景に用いられてきた歴史があり、男尊女卑の風潮などとも無縁ではなかった。さらに、たとえば江戸時代には井原西鶴『好色一代男』に代表される浮世草子のように、夫婦の関係にはない女性（遊郭・宿場の遊女など）と男性との間に生じる好意や肉体関係を、「好色」「色恋」「色情」などと表現していたのである。

これに対して love は、西洋の近代的な恋愛観を意味する言葉であり、人間

2)　新村（編）(2018). p. 3125
3)　柳父（1982)、秋山（1987)、野口（1987）など。
4)　柳父（1982). p. 95

の肉体よりも精神の繋がりを重んじるというキリスト教の教義を背景に、いわゆるプラトニックラブ（Platonic love）のニュアンスが少なからず含まれていた。すなわち、既存の「色」「情」「恋」「愛」などが指し示すものとは意味や様相が異なっている以上、これらの言葉をそのままloveの訳語とすることは困難だったのである。なお、この点に関連して『岩波 古語辞典 補訂版』（岩波書店）は、「あい【愛】」の語釈を「相手を好いて強く執着し、心にかかって忘れ離れ得ない心持を表す語」とした上で、次のような説明を付記している。

> 儒教的には親子の情などのように相手をいたわり、生かそうとする心持をいい、仏教的には自分を中心にして相手への自分の執着を貫こうとする心持をいう。仏教では「愛」を必ずしもよいこととは見ていない。また、概して優位にあるものが弱少のものをいとおしみ、もてあそぶ意の使い方が多かったので、キリスト教が伝来したとき、キリシタンはキリストの愛を「愛」と訳さず、多く「ご大切」といった[5]。

さらに、時代は前後するが、1885年（明治18年）に創刊された日本初の女性向け雑誌であり、キリスト教に基づく女性啓蒙誌という性格を有していた『女学雑誌』に目を向けてみたい。『女学雑誌』の主宰者であり、キリスト教精神による女子教育にも取り組んだ巌本善治は、同誌第2号（1885年8月10日）の社説「婦人の地位（上)」において「色」「痴」「愛」の差を、「色とは動物の牝牡が相ひ交接するに似たる如きたゞ肉体上の情欲にして痴とは所云る情より出るもの愛とは則ち真正の霊魂より発するものと知るべし」と述べている。その上で、のちに「恋愛」とあらわされていくこうした「愛」のあり方を、文明や人間（男女）関係の「進歩」「開化」と論じたのである[6]。この巌本の主張からも、当時の「恋愛」に求められた精神性重視の姿勢をうかがうことができよう。

そして明治時代には、「色」「情」「恋」「愛」とloveとの間に生じた齟齬の存在を踏まえつつ、西洋の思想にいち早くふれていた当時の知識人たちを中心

5）　大野・佐竹・前田（編）（1990）. p. 1
6）　巌本（1885/1967）. pp. 22-23

図6–1　坪内逍遥『当世書生気質』の挿絵に描かれた小町田粲爾と田の次　国立国会図書館デジタルコレクション

に、loveの解釈や表現方法が模索されたのである。たとえば、小説の意義と機能を論じた『小説神髄』で著名な坪内逍遥は、1885–86年（明治18–19年）に発表した『当世書生気質』において「ラブ〔愛〕」や「ラアブ〔愛〕」のように、既存の「愛」という言葉を補った表現を用いている[7]。同作は書生の小町田粲爾《さんじ》と芸妓・田の次の恋愛関係を主軸に、当時の書生風俗を写実的に描いた小説であるが、男女間の好意をあえて「ラブ」「ラアブ」と表現したことについては、「明治という新時代を担う若者として期待された書生たち、そして、かつて書生であった作者逍遥自身、この外来語に「色」「恋」「情」といった古い言い回しでは表現できない、新しい理想を託そうとしていたようだ」との指摘がある[8]。また、同作ではさらに「色事にも階級あり」として「上の恋」「中の恋」「下の恋」の3つを具体的に例示しており、なかでも「意気相投じて

7)　本文の確認にあたっては、稲垣（編）（1969）．pp. 59–163を使用している。
8)　佐伯（1998）．p. 9

相愛する」「其人の気韻の高きと。其稟性の非凡なるとを。景慕するより起れる恋」とされる「上の恋」は、「ラブ」に通じる「恋」の理想形と見なされていたのである[9]。このほかにも前述した『女学雑誌』の周辺では、1891年（明治24年）に巌本が「恋愛は神聖なるもの也」と述べたことに加え[10]、1892年（明治25年）には北村透谷が、「厭世詩家と女性」と題する同誌掲載の評論において、「恋愛は人世の秘鑰なり、恋愛ありて後人世あり、恋愛を抽き去りたらむには人世何の色味かあらむ」という恋愛至上主義を唱えたことがよく知られている[11]。

以上のように、今や私たちが何気なく使用している「恋愛」は、西洋に由来するかたちで明治時代に登場してきた、比較的新しい言葉（訳語）なのである。そして、「恋愛」という言葉の登場と時期をほぼ同じくして、徐々に萌芽の兆しを見せていた日本の近代文学は、新たな観念として成立しつつあった恋愛を、小説における重要なテーマとして扱っていくことになるのである。

第3節　近代文学の幕開けと恋愛

続いては、日本の近代文学が幕開けを迎えていく流れを交えながら、恋愛と小説との接点が生じた状況やそれ以後の展開を、あらためて確認したいと思う。

明治維新後の日本では、政府による富国強兵・殖産興業に関わる政策推進を背景に、西洋の文明を積極的に取り入れようとする動きが顕著になっていく。とりわけ明治時代の前半には、本章が着目してきたlove／恋愛をはじめ、西洋のさまざまな言葉や観念、思想や文化が一気に流入した結果、国内では「文明開化」の名のもとに、急速な西洋化と近代化が進むこととなった。その渦中で「文学」もまた、言語芸術の意味合いを持つliteratureの訳語として用いられるようになると、「文章や書物に関わる学芸全般」を指す言葉から、「言語表現による芸術作品」を指す言葉へと変化していったのである。このように「文学」が芸術の一ジャンルと見なされたことが大きな契機となり、日本ではそれ

9)　坪内（1969）. p. 126
10)　巌本（2002）. p. 191
11)　北村（1976）. p. 64

までと異なる価値観や評価軸、表現手法を持った新しい文学＝近代文学がスタートしていくわけなのだが、当時、その主導役を担ったのが小説であった。

「小説」の今日的意味を再び『広辞苑』で確認してみると、その語釈には、「（坪内逍遥による novel の訳語）文学の一形式。古代における伝説・叙事詩、中世における物語などの系譜を受け継ぎ、近代、とりわけ一八世紀以降の西欧で発達、詩に代わって文学の中心を占めるに至る。韻文の形式や手法から解放され、どのような素材でも自由に扱うようになった」との説明が見受けられ[12]、やはり、その由来が西洋にあったことが分かる。ちなみに、明治以前の日本にも「小説」という言葉自体は存在していたが、そこには「正史」に対する「稗《はい》史《し》小説」として、とるに足らぬもの、俗なもの、というニュアンスが含まれていた[13]。こうしたなか、「小説」を novel の訳語として用いるとともに、当時の「文学」と同様、芸術の一ジャンルに引き上げようと試みた人物こそが、前節でもその名が挙がっていた坪内逍遥である。

逍遥は、1885–86年（明治18–19年）に発表した日本初の小説論である『小説神髄』において、「小説の主脳は人情なり世態風俗これに次ぐ」と述べたことで知られる[14]。ここでいう「人情」とは、喜怒哀楽、嫉妬、愛欲や情欲など、人間の内面的な感情や心理を意味しており、逍遥は小説においてこの「人情」を詳細に描き、次いで「世態風俗」（世情や風俗）を描写すべきだと主張したのである。また逍遥は、写実主義とも呼ばれるこの方針を念頭に、自らの小説論を実践しようと試みた作品を世に出しており、それが前出の『当世書生気質』であった。そして、小説で描くべきとされた「人情」の一つにあたるものこそ、明治時代の日本では目新しかった「恋愛」をめぐる感情や心理だったのである。さらにいえば、『当世書生気質』や後述の二葉亭四迷『浮雲』などを皮切りに、恋愛の諸事象を題材とする作品がさまざまな文学潮流のなかから誕生し、以後、近代文学のなかで一大ジャンルを築いていくことになる。その結果として、恋愛は小説の、ひいては近代文学の重要なテーマの一つとして認知

12） 新村（編）（2018）. p. 1442

13） 安藤（2020）. p. 14。同書の解説によれば、「稗」は穀物のひえを意味し、正史に対して稗史とは、民間の雑多な記録のことを指すとされている。

14） 坪内（1969）. p. 16

されていったのである。

とはいえ、私たちが普段目にしている恋愛小説の様相が、明治以降になって早々に形成されたというわけではなかった。すでに現在の日本では、近代的な恋愛観に基づく各種の恋愛行動はもちろんのこと、それらを踏まえた恋愛の物語が定着・浸透しており、私たちもすっかり順応している状態にある。だからこそ想像しにくいかもしれないが、「明治以降の文学の大きな特色の一つが、それまでの伝統文化と、開国に伴う西洋文明との摩擦・軋轢にある」といわれるほどに[15]、少なくとも近代文学が幕を開けた当時の恋愛は、多くの人々にとってまだまだ斬新なものであり、既存の常識や観念との間には大きな齟齬が存在していた。それでもなお、恋愛が近代文学の重要なテーマとなり得たゆえんは、この新興の言葉・観念によってさまざまな主義・主張や物語を展開できたことに加え、渥美孝子・有光隆司・小林幸夫編『恋愛の近代文学』（双文社出版、1991年）において有光隆司が概説しているとおり、試行錯誤の末に恋愛の物語を描き出すという行為そのものが、「恋愛」というテーマを自ら「血肉化」していくには必要不可欠なプロセスだったからである。

> （引用者註：恋愛が近代文学の新しいテーマとなっていったが、）もっともその展開はかならずしも一定の線に沿ったものではなく、一方で、人生の理想として、それまでの色・恋・情といった好色的観念を排除する原動力になってゆくかと思えば、また一方で、官能解放のシンボルとして、「性」の本能を赤裸々に告白する文学へと展開してゆくなど、それはむしろ多様な様相を呈していった。ただ、もともと個人主義の意識が極めて希薄であり、男尊女卑的風潮の根強い日本にあって、この新しい文学的テーマを血肉化するには必然的に幾重もの困難を伴った。近代文学、とりわけ明治文学の歴史を「恋愛」というキーワードから捉え直すとき、それはそのまま、この困難との悪戦苦闘の歴史であった、といっても過言ではあるまい[16]。

有光が指摘した以上のような試みは、近代的な小説の先駆けとされる二葉亭

15）　安藤（2020）．p. 15

16）　渥美・有光・小林（編）（1991）．p. 7

四迷『浮雲』にも見て取ることができる。1887年（明治20年）に第一編が発表された同作は、逍遥の『小説神髄』や『当世書生気質』、当時のロシア文学の影響を受けてもたらされた写実主義のもと、人間と世間のリアルな様子を日常的な口語体で描く「言文一致体」を取り入れた小説として、日本の文学史でも重要視されている。そして、同作では主人公・内海文三と、文三の従妹のお勢、文三の元同僚の本田昇を主要登場人物に据えた上で、文三が思いを寄せているお勢と、そのお勢に巧妙に近づこうとする本田に対し、文三が抱くさまざまな心情から内面的な恋愛模様を描写してみせたのである。また、啓蒙的な恋愛論や遊女などの女性が相手ではなく、普通の男女の恋愛、男性からの片思いやすれ違いを描いた点でも画期的であり[17)]、まさに近代的な恋愛小説のはしりといえる作品であった。

このほかにも、男性の人生で重要視されてきた立身出世と、本来なら比較の対象にもなり得なかった恋愛を並立させ、その間で揺れる主人公・太田豊太郎の心情に焦点をあてた森鷗外『舞姫』をはじめ、上京した学生・小川三四郎が都会で出会った女性・里見美禰子に惹かれていく様子を描いた夏目漱石『三四郎』、やはり漱石の著作で、友人の妻・平岡三千代を愛した末に彼女と生きることを決意した主人公・長井代助の思いをつづった『それから』など、明治時代に産声を上げた日本の近代文学からは、数多くの恋愛小説の名作が誕生している。

このように「恋愛」という新しい言葉・観念をテーマとしつつ、近代文学、ことに小説が精力的に描き出そうとしてきたのは、急速に進む西洋化と近代化によってさまざまな「摩擦・軋轢」が生じるさなか、その渦中に身を置いていた人々の心情のなかでも、恋愛をめぐって起こる苦悩や葛藤の数々であった。つまりは、それだけ「恋愛」というテーマが小説、さらには近代文学にとってみると、人々の生き様や心情をつぶさに描写できる格好の主題だったのである。そして、こうした特性を有する恋愛だからこそ、明治から大正、昭和、平成、令和へと時代が下り、社会や文化が目まぐるしく変化していくなかにあっても、物語の創作対象になり続けていると考えられるのである。

17）　鈴木（監修）（2018）．p. 49

第４節　変容していく「恋愛」の意味

日本の近代文学の幕開けとともに、恋愛は小説にとって重要なテーマとなり、数多くの名作を生み出しながら現在に至っている。そして今もなお、多彩な作品が絶えず世に送り出されているわけなのだが、時代や世相の変化によって人々の恋愛観や結婚観も当然ながら異なってくる以上、個々の小説が描き出す恋愛模様も刻々と移り変わっていく。だからこそ、明治以降になって登場してきた恋愛小説とその系譜に連なる作品は、豊富なバリエーションを有するほど非常に多岐にわたっている。なお、この点に関しては文学にとどまらず、社会学、経済学、心理学、文化人類学など、複数の学問分野で盛んに研究が行われているため、この機にぜひ関連文献等を参照してほしい。

本章では続いて、近代的な恋愛小説が萌芽した明治の日本から視線を転じ、私たちにとってより馴染み深い現代文学の動向に目を向けながら、恋愛小説の現状にアプローチをかけていく。その最初のプロセスとして、現時点における「恋愛」という言葉の意味を、いま一度捉え直しておきたいと思う。本章における「恋愛」の意味は便宜上、「（love の訳語）男女が互いに相手をこいしたうこと。また、その感情。こい。」という『広辞苑』の語釈を参照していた。その上で、「現在の日本ではおおむね、上記に準ずる意味で『恋愛』が捉えられている」と見なしていたわけなのだが、実はこの語釈をあらためて精査してみると、恋愛の現状説明としては問題点を抱えていることが分かってくる。この事実を確認すべく、まずは、以下に示したとある小説のワンシーンを見ていただきたい。

> **れんあい**【恋愛】特定の異性に特別の愛情をいだき、高揚した気分で、二人だけで一緒にいたい、精神的な一体感を分かち合いたい、出来るなら肉体的な一体感も得たいと願いながら、常にはかなえられないで、やるせない思いに駆られたり、まれにかなえられて歓喜したりする状態に身を置くこと。

「おお、知ってる知ってる。これ、『新明解国語辞典』だろ」
「はい。第五版です」
「独特の語釈でおもしろいって、有名な辞書だよな。……で？」
「はい？」
「ごまかすなよ、まじめー」
西岡は椅子ごと近づき、馬締の肩に腕を載せた。「恋しちゃったのか？あぁん？」
「いえ、考えていたんです」
西岡に揺さぶられてずり落ちた眼鏡を、馬締は鼻のつけ根に押し戻した。
「たしかに個性的な語釈ではありますが、恋愛の対象を『特定の異性』に限ってしまうのは妥当でしょうか」
西岡は馬締から腕を離し、椅子ごと自分の机に戻っていった。
「……まじめちゃん、もしかしてそういうひと？」
そういう、とは、どういうことを指すのだろう。
西岡の言葉を聞き流しながら、馬締は手もとにあった数種類の辞書を調べた。すべての辞書が、「れんあい」を項目として採用していたが、いずれも、男女のあいだでの感情だと説明している。現実を鑑みるに、これらの記述では正確さに欠ける。
「れんあい」の用例採集カードに、「辞書に必ず載せるべき、重要度の高い単語」を意味する二重丸をつけた。備考欄には、「男女のみでいいか？外国語の辞書も調べること」と特記する[18]。

上記は、三浦しおん『舟を編む』(光文社、2011年)に登場する場面の一つで、辞書編集部に勤務する馬締光也と西岡正志による、「恋愛」の語釈に端を発したやり取りである。内容からすでに察せられるとおり、これまで本章が暫定的に前提としてきた「恋愛」という言葉の意味は、あくまで男女(異性)の恋愛のみを想定したものであって、それ以外の多様な恋愛関係は含まれていなかった。周知のように、LGBTへの関心が高まっている昨今の状況を踏まえ

18) 三浦(2011). pp. 41-42

図 6-2　「恋愛」の語釈をめぐるやり取りが描かれた三浦しをん『舟を編む』と、作中で言及された『新明解国語辞典』の書影

れば、先の引用内で馬締が行った「現実を鑑みるに、これらの記述では正確さに欠ける」という指摘は、まさしく正鵠を射たものだったといえるだろう。

ちなみに『舟を編む』でも言及された「恋愛」の語釈は、「日本で一番売れている国語辞典」と名高い『新明解国語辞典』（三省堂）の第五版（1997 年発行）のものであったが、同辞書は本章執筆時点までに計 7 回の改訂を行っている。そして 2020 年発行の第八版では、「『生活は言語によって支えられ、われわれの思考と内省は言語によって深まる――第四版序文より』とあるように、より正確かつ厳密に言葉をとらえる方針を堅持してゆくためには、時代とともに変容する社会の変化にもしっかりと対応してゆかねばならない」との改訂方針のもと[19)]、第三版（1981 年発行）から第七版（2012 年発行）まで存在してい

19）　三省堂「【特設サイト】新明解国語辞典　第八版」。

た「特定の異性」という記述を「特定の相手」へと変更し、異性同士に限らない、より多様な恋愛を想定した語釈となったのである。以下、第八版に至るまでの「恋愛」の説明を、語釈が変更された版にそって列挙しているが、説明の内容や観点の変遷過程を見るに、誰と誰との恋愛関係を想定するのか、どんな感情や関係性を重視しているのかといった要点が着実に移り変わっており、「恋愛」という言葉の意味が決して不変ではないことが実感できるだろう。

【初版（1972年発行）】
一組の男女が相互に相手にひかれ、ほかの異性をさしおいて最高の存在としてとらえ、毎日会わないではいられなくなること[20)]。

【第三版（1981年発行）】
特定の異性に特別の愛情をいだいて、二人だけで一緒に居たい、出来るなら合体したいという気持を持ちながら、それが、常にはかなえられないで、ひどく心を苦しめる・（まれにかなえられて歓喜する）状態[21)]。

【第五版（1997年発行）】
特定の異性に特別の愛情をいだき、高揚した気分で、二人だけで一緒にいたい、精神的な一体感を分かち合いたい、出来るなら肉体的な一体感も得たいと願いながら、常にはかなえられないで、やるせない思いに駆られたり、まれにかなえられて歓喜したりする状態に身を置くこと[22)]。

【第六版（2005年発行）】
特定の異性に対して他の全てを犠牲にしても悔い無いと思い込むような愛情をいだき、常に相手のことを思っては、二人だけでいたい、二人だけの世界を分かち合いたいと願い、それがかなえられたと言っては喜び、ちょっとでも疑念が生じれば不安になるといった状態に身を置くこと[23)]。

20）　金田一京助・金田一春彦・見坊・柴田・山田（編）（1972）．p. 1184
21）　見坊・金田一春彦・柴田・山田・金田一京助（編）（1981）．p. 1235
22）　金田一京助・山田忠雄・柴田・酒井・倉持・山田明雄（編）（1997）．p. 1492

【第八版（2020 年発行）】
特定の相手に対して他の全てを犠牲にしても悔い無いと思い込むような愛情をいだき、常に相手のことを思っては、二人だけでいたい、二人だけの世界を分かち合いたいと願い、それがかなえられたと言っては喜び、ちょっとでも疑念が生じれば不安になるといった状態に身を置くこと[24)]。

さらにいえば、第八版の改訂は「多様性」がキーワードの一つとなっており、時代の変化に応じた語釈変更や新語追加を行っているのだという[25)]。そして、その代表例こそが「恋愛」や「LGBT」などの項目であった。加えて、第八版の発行を報じた以下の新聞記事が示唆しているように、この改訂は多様な性や恋愛のあり方を、現代社会に可視化していく役割も果たしているといえるだろう。広く普及している辞書に、特定の言葉やその意味が掲載される影響や意義は、それほどまでに大きいのである。

恋愛で思いを寄せる対象は「異性」とは限りません。辞書が「異性」と記述することで、同性に恋心を抱く人や、性別を持たない人の存在が見えなくなってしまいます。同社辞書出版部の吉村三恵子さんによると、性的少数者や性的役割分担に関わる記述を大幅に見直し、手を入れたとのこと。「著者の先生方を説得するのは大変でしたが、若い学生たちから寄せられた意見が後押しになりました。時代に沿った改訂になったと思います」と話していました[26)]。

恋愛の多様性が注目を集めている昨今、「恋愛」という言葉の意味も徐々に変容を見せており、現在ではそれが最新の辞書等を通じて社会に広まりつつある。では、こうした状況下で現代文学の恋愛小説は、どのような動向を示しているのだろうか。

---

23)　山田忠雄・柴田・酒井・倉持・山田明雄（編）（2005）. p. 1586
24)　山田忠雄・倉持・上野・山田明雄・井島・笹原（編）（2020）. p. 1668
25)　産経ニュース（2020）.
26)　毎日新聞デジタルニュースサイト（2020）.

第5節　多様な恋愛を描く現代の小説

これまでにも「恋愛」をテーマに多種多様な作品を生み出してきた小説は、もとより時代や世相の変化には大変に敏感であり、その特性ゆえに、同時代のさまざまな要素を物語の題材として摂取しつつ、社会や文化の問題を浮き彫りにしてきたという実績を持つ[27]。近年の例としては、新型コロナウイルス（COVID-19）の感染拡大が続くなか、その影響下で生きざるを得なくなった大学生カップルの様子を描く金原ひとみの短編小説「アンソーシャル ディスタンス」（『新潮』2020年6月号掲載）をはじめ、コロナ禍の人々の生き様や心情を即座に、かつ巧みに取り入れた作品群の登場が記憶に新しいところだろう。

そして、昨今のジェンダーやLGBTをめぐる議論を背景に、恋愛の多様性を問題化した作品もまた、数多く見受けられるようになってきている。このうち、象徴的な出来事の例としては、第161回芥川賞（2019年上半期）の候補作の一つに、レズビアンの「私」を主人公とする李琴峰『五つ数えれば三日月が』（文藝春秋、2019年）が選出されことや、恋愛小説を選考対象とする島清恋愛文学賞[28]の第25回（2018年度）において、女性同士の恋愛関係を描いた作品が初受賞を果たし、翌年の第26回（2019年度）にも同様の作品が受賞作に選ばれたことなどが挙げられるだろう。本章ではこのうち、恋愛小説の文学賞として注目を集めている島清恋愛文学賞と、同賞を受賞した前述の2作にスポットを当ててみたい。

まず、第25回の受賞作となった三浦しをん『ののはな通信』（KADOKA

---

27)　このような小説の特性について、たとえば一柳・久米・内藤・吉田（編）（2005）は、「小説作品はそれ自体として独自の虚構世界を構成しているとみることもできますが、しかし言葉で書かれたものである以上、言葉を不可欠な要素として構成される同時代の社会や文化と無関係ではいられません。それどころか、同時代の様々な問題と深く切り結ぶことで、ふだんの生活の中では見落としがちな、あるいは忘れられがちなものを、読者の視野にまざまざと浮上させる力をも持っています」（1頁）と説明している。

28)　石川県美川町が町村合併40周年を記念して、同町出身の作家・島田清次郎にちなんで1994年に創設した文学賞。選考対象を恋愛小説に特化させている点に特徴がある。2023年現在では金沢学院大学が主催し、選考委員による審査を行うほか、候補作の絞り込みにあたっては学生が参加している。

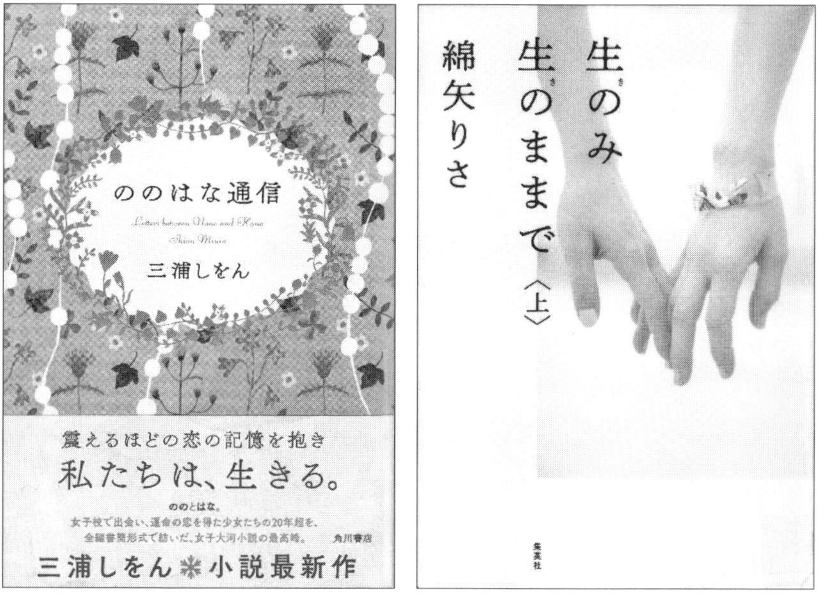

図6‒3　島清恋愛文学賞を受賞した三浦しをん『ののはな通信』と綿矢りさ『生のみ生のままで』の書影

WA、2018年）は、ミッション系の女子校で出会った野々原茜と牧田はなを主人公に、2人の恋愛模様や関係性の変化を、長期間にわたる手紙、メモ、メールなどのやり取りのみで描いた書簡体小説である。「女子大河小説」をうたう『ののはな通信』の単行本刊行時、「人は、自分とは異なる人がいることを知って、世界が広がるのだと思います。相手を理解したいと思ったり、ぶつかりあったりする経験があるからこそ、他人や新しく知る世界に対してちゃんと向き合う人になれる。そういうのは、友達関係より恋愛の方が生まれやすいと思った」と述べていた三浦は[29]、同作の受賞に際して、「性別も立場も年月の流れも関係ない、真に人の支えとなる恋や愛ってなんだろうと考えて書いた」とのコメントを残している[30]。他方で、こうした経緯で書かれた同作を選考委員

29）　朝日新聞（2018）.
30）　読売新聞（2019）.

の林真理子は、「我が国のLGBTに関する小説のなかで白眉となるでしょう。そして、純粋な恋愛小説として感動できる」と称したのである[31]。

続いて、第26回の受賞作である綿矢りさ『生のみ生のままで』（集英社、2019年、上下巻）はといえば、彼氏との旅行中に知り合うことになった逢衣と彩夏の2人の女性が、お互いに男性の恋人がいるにもかかわらず惹かれ合い、恋に落ちた末に結ばれていく様を描いた作品である。同作の受賞を伝えられた際に綿矢は、「女性同士に限らず、男性同士の恋愛も、長い歴史の中で取り上げられてきているけれど、現代から離れるほど、悲恋のものが多い印象がある。現代の同性同士の恋愛を考えたとき、ハッピーエンドにしたいと思った」と話したという[32]。そんな同作に対して、第25回に引き続き選考委員を務めた林は、「新しい恋愛の形を書いた小説に賞を差し上げたいと思っていた」、「ハッピーエンドが非常に新しい。ここが本当に素晴らしくて、やっと日本でもこういう同性の恋愛小説が出てきたんだなと思った」と述べており[33]、同じく選考委員だった村山由佳も、「女性同士の恋愛をほんわかと書くのではなく、ぎりぎりの恋愛を描き尽くしたことがすばらしい」と高く評価したのである[34]。

なお、吉屋信子、谷崎潤一郎、三島由紀夫など、同性愛を扱った近代文学の作家・作品の存在や、近年のLGBTをめぐる社会情勢の変化などを踏まえつつ、これらと『生のみ生のままで』との関係性が注目を集めたなか、綿矢は同作の刊行記念インタビューにおいて先駆者たちの実績を念頭に、次のような発言を残している。

——　ここ数年でLGBTという言葉が広く知られるようになるなど、同性愛をとりまく状況は少しずつ変化しつつありますが、それも執筆に影響していますか。

綿矢　そういう時代の動きはありますが、小説の世界では谷崎潤一郎や三島由紀夫などが本当に美しい言葉で挑戦してきた分野です。「耽美」

31）朝日新聞（2019）.
32）朝日新聞（2020a）.
33）前掲注32に同。
34）読売新聞（2020）.

> と言うと、意味が広くなりすぎるかもしれませんが。私としては、彼らが筆を尽くして描いた同性同士の恋愛を、現代に合わせて書いてみたいという気持ちが強かった。同性の恋愛ものを読んでいると、時代によってすごく変わってきたなと感じますが、多分それは世間の反応の変化が反映されているから。この小説を書いたのは平成で、本を出すのは令和になりましたが、今の時代の感じを表すことにはこだわったつもりです。もうひとつ、以前谷崎の『卍（まんじ）』を読んだとき、描写が大好きだなと思いつつ、作者のフェティシズムと自分のそれは違うことに気づいたんです。私なら、日常の延長線上に愛しあうシーンがあったほうがドキドキするだろうな、とか。自分にはしっかりとした好みがあるとわかったことも、書くきっかけになりました[35]。

さらに綿矢は、島清恋愛文学賞の受賞後に行われた村山との対談において、「今の時代に書きたいのは『ヘルシーな耽美』。昔の日本文学の耽美はどちらかというと『陰』で、そこに魅力があるが、太陽光が全体にあたって隅々まで照らしても耽美、というのを目指したいと思った。健康的な肉体の描写や恋愛自体も『光』を意識して書いた」と述べている[36]。一方、この綿矢の発言を受けた村山は、「ハッピーエンドなのが素晴らしく、『ヘルシーな耽美』に救われた人はたくさんいると思う。綿矢さんが、『（同性愛は）当たり前の恋愛の形だ』と書いたことはすごく意義があった」と話し[37]、同作の物語を必要としている読者の存在にふれながら、同作が持つ意義をあらためて評価したのである。

以上の綿矢や村上の発言からも分かるように、すなわち『生のみ生のままで』は、同性愛を扱った耽美的な近代文学の系譜に位置づけられながらも、ともすれば「禁忌」「陰湿」といった負のイメージがつきまとう既存作品とは異なり、現代的な「ヘルシーな耽美」を描き出した点に大きな特徴があったとい

35）　集英社 文芸ステーション。
36）　朝日新聞（2020b）。
37）　前掲注 36 に同。

えよう。また、LGBTや彼らの恋愛模様を決して「特別」ではない「当然」のものとして書くことにより、その行く末にハッピーエンドが待つ物語を用意した点にも、同性愛を描く恋愛小説としての新しさがあったのである。

そして、『生のみ生のままで』や『ののはな通信』のような恋愛の物語が精力的に創作され、あまつさえ、恋愛小説に特化した文学賞を相次いで受賞したという事実は、恋愛の多様性の認知と許容がまた一歩、現代において進んだことの証左ではなかったか。今後も引き続き、その動向が注目されよう。

第6節　恋愛小説を読むということ

明治時代に入って以降、言語芸術としての地位を確立した日本の近現代文学と、その中心的存在となってきた小説は、これまで時代や世相の変化に応じて移り変わっていく恋愛の諸事象を、さまざまな作品＝恋愛の物語によって描き出してきた。だからこそ、現代の日本に生きる私たちが直接体験し得ない過去の恋愛模様も、各時代に書かれた作品を実際に読むことでその様相の一端を知り、理解を深めることができるのである。なお、近年では森川友義『恋愛学で読み解く文豪の恋』（光文社、2020年）のように、近現代文学の作家・作品を現代的な恋愛学の観点から読み解き、作品の新たな魅力を発掘しつつ、私たちの恋愛実践に活かそうとする意欲的な試みも行われている。もちろん古典的な恋愛小説の場合、私たちから見れば恋愛模様がいかにも古めかしく、価値観の齟齬も大きいことがしばしばであるが、だからこそ、そうしたズレの存在から「今、ココ」の恋愛を客観視する機会も生まれるのである。

他方で、「今、ココ」の時代で起きている恋愛であろうとも、想定されるシチュエーションは数知れず、その全てを直接体験できるわけでは決してない。したがって、多様な恋愛を疑似体験したり空想的に楽しもうとしたりするには、恋愛小説はうってつけの存在なのである。さらに言えば、「今、ココ」の時代にどのような内容の作品が読者を獲得し、ヒットを遂げているのかに目を向けていくことは、同時代の恋愛傾向を探る参考にもなるだろう。特に、純粋な言語芸術を目指す純文学に対して、大衆性・娯楽性・商業性を追求する大衆文学や、若年層向けのエンターテインメント小説として知られるライトノベル、ライト文芸、少女小説などは、時代のトレンドや読者のニーズを反映した作品群をコンスタントに生み出していることから、判断材料になりやすいと思われる。

このように、近現代文学とその周辺に数多く見受けられる恋愛小説は、多種多様な時代や場所、あるいはシチュエーションなどにおけるさまざまな「恋愛」のかたちを垣間見ることができるという意味で非常に有意義なツールであり、同時に、大変役立つメディアなのである。また、活字で書かれている点に鑑みた場合、作品を読み、内容を咀嚼していくペースを自らコントロールできるというメリットもある。活字をとおして恋愛の物語にふれ、そこにあらわれる言葉や表現を反芻し、登場人物の心情などから自分の「恋愛」イメージや恋愛観を培っていくこと。そのような経験をパーソナルなレベルでじっくりと行い、恋愛に対する思索にふけることができるのも、恋愛小説の大きな魅力といえるだろう。そして、こうした恋愛小説の読書なり思索に浸れる時間なりを十全に確保していくことが、本章でも言及してきたLGBTを筆頭に、自分自身が知らない恋愛の世界にアプローチする有効な方法の一つであり、その世界を理解する一歩になり得ると考えられるのである。その点からいえば実のところ、恋愛の多様性にふれ、考える契機というのは、思いのほか私たちのごく身近に存在しているのだ。

さあ、あなたも早速、恋愛小説を手に取ってみてはいかがだろうか——。

引用文献

秋山駿（1987）．恋愛の発見—現代文学の原像　小沢書店

安藤宏（2020）．日本近代小説史 新装版　中央公論新社

朝日新聞（2018）．「「誰か」の中に見いだす希望 三浦しをんさん，少女の手紙で紡ぐ小説「ののはな通信」」，朝日新聞，2018年6月20日付夕刊。

朝日新聞（2019）．「性別関係ない恋愛，正面から「島清恋愛文学賞」贈呈式，三浦さん喜び語る」，朝日新聞，2019年3月19日付朝刊（石川全県）。

朝日新聞（2020a）．「恋愛小説，男女間だけじゃない 女性の同性愛が題材，2年連続で受賞「島清恋愛文学賞」」，朝日新聞，2020年2月19日付夕刊。

朝日新聞（2020b）．「島清恋愛文学賞「生のみ生のままで」贈呈式で対談 受賞・綿矢りささん，選考委員・村山由佳さん」，朝日新聞，2020年12月10日付朝刊（石川全県）。

渥美孝子・有光隆司・小林幸夫（編）（1991）．恋愛の近代文学　双文社出版

honto「恋 愛 小 説 特 集」「honto」Retrieved from https://honto.jp/article/book/renai-novel.html，2023年9月29日アクセス。

一柳廣孝・久米依子・内藤千珠子・吉田司雄（編）（2005）．文化のなかのテクスト―カルチュラル・リーディングへの招待　双文社出版
稲垣達郎（編）（1969）．明治文学全集 16 坪内逍遥集　筑摩書房
巌本善治（1885/1967）．婦人の地位（上）複製版『女学雑誌』第 2 号（pp. 22–23）臨川書店
巌本善治（2002）．悲恋愛を非とす　藪禎子・吉田正信・出原隆俊（校注）新日本古典文学大系 明治編 26 キリスト者評論集（p. 191）岩波書店
見坊豪紀・金田一春彦・柴田武・山田忠雄・金田一京助（編）（1981）．新明解国語辞典 第三版　三省堂
金田一京助・金田一春彦・見坊豪紀・柴田武・山田忠雄（編）（1972）．新明解国語辞典　三省堂
金田一京助・山田忠雄・柴田武・酒井憲二・倉持保男・山田明雄（編）（1997）．新明解国語辞典 第五版　三省堂
北村透谷（1976）．厭世詩家と女性　小田切秀雄（編）明治文学全集 29 北村透谷集（p.64）筑摩書房
毎日新聞デジタルニュースサイト（2020）．「「恋愛」「聖地」「沼」の語釈，どう変わった？ 新明解国語辞典が 11 月改訂」，毎日新聞デジタルニュースサイト，2020 年 10 月 2 日 15 時 46 分 掲 載，Retrieved from https://mainichi.jp/articles/20201002/k00/00m/040/150000c，2023 年 9 月 29 日アクセス。
三浦しおん（2011）．舟を編む　光文社
野口武彦（1987）．近代日本の恋愛小説　大阪書籍
大野晋・佐竹昭広・前田金五郎（編）（1990）．岩波 古語辞典 補訂版　岩波書店
佐伯順子（1998）．「色」と「愛」の比較文化史 岩波書店
産経ニュース（2020）．「恋愛対象は「特定の異性」→「特定の相手」9 年ぶり改訂「新明解国語辞典」が映す日本の「今」」，産経ニュース，2020 年 11 月 26 日 10 時掲載，Retrieved from https://www.sankei.com/premium/news/201126/prm2011260001-n1.html，2023 年 9 月 29 日アクセス。
三省堂「【特設サイト】新明解国語辞典 第八版」Retrieved from https://dictionary.sanseido-publ.co.jp/smk8/，2023 年 9 月 29 日アクセス。
新村出（編）（2018）．広辞苑 第七版　岩波書店
鈴木啓子（監修）（2018）．マンガで楽しむ名作 日本の文学　ナツメ社
集英社 文芸ステーション「『生のみ生のままで（上・下）』刊行記念インタビュー」，集英社 文芸ステーション，Retrieved from https://www.bungei.shueisha.co.jp/contents/kinomikinomamade/interview.html，2023 年 9 月 29 日アクセス。
坪内逍遥（1969）．「当世書生気質」，稲垣達郎（編）明治文学全集 16 坪内逍遥集　p. 126 筑摩書房
坪内逍遥（1969）．「小説神髄」，稲垣達郎（編）明治文学全集 16 坪内逍遥集　p.16 筑摩書房
山田忠雄・倉持保男・上野善道・山田明雄・井島正博・笹原宏之（編）（2020）．新明解国

語辞典 第八版　三省堂
山田忠雄・柴田武・酒井憲二・倉持保男・山田明雄（編）（2005）．新明解国語辞典 第六版　三省堂
柳父章（1982）．翻訳語成立事情　岩波書店
読売新聞（2019）．「島清賞に三浦しをんさん「ののはな通信」女性2人 生き方描く」，読売新聞，2019年2月13日付東京朝刊（石川）。
読売新聞（2020）．「「光意識し恋愛書いた」島清賞贈呈式 綿矢さん 村山さんと対談」，読売新聞，2020年11月29日付東京朝刊（石川）。

第７章
メディアの発達と恋愛手段の変化

第１節　恋愛へのメディアの介在

本章では、メディアの側面から、恋愛について考える。一般的には、恋愛とは人間対人間、個人対個人の間の感情・愛情の在り様、そしてそのやりとりと考えられるだろう。

ここで、恋愛をつぶさに観察してみれば、その感情を伝える媒体として、メディアが介在していることに気づく。たとえば、手紙で「好きだ」と告白する。LINE で「今度の日曜日に映画を見に行かない？」とデートに誘う。Tinder で LIKE した相手とマッチングしてメッセージを交換する。こうした状況には、すべてメディアが介在していると見ることができる。感情を伝える媒体としてのメディアの側面から、その発達と恋愛の変化をみていこうというのが本章のねらいとするところである。

現在、恋愛において、さまざまな状況で用いられているのはスマートフォンである。このスマートフォンというメディアを私たちが用いるようになるまで、メディアがどのように発達してきたかを踏まえた上で、それにつれて恋愛対象との出会いの方法がどのように変わってきたかを概観する。

たとえば、「紙」というメディアが生まれて初めて「ラブレター」という手段が生じ、「ダイヤル Q2」というメディアがあってこそ「ツーショットダイヤル」という出会いの形があり得るようになった。またそのメディアが廃れるとともにその出会いの形も失われ忘れられた。

スマートフォンを私たちが使うようになる以前の恋愛の様子を踏まえて、スマートフォンを用いた恋愛の特徴やうまくスマートフォンを恋愛に活かす方法も考えたい。たとえば、現在ではスマートフォンの高性能化によって、リアルタイムの動画でも肌をなめらかにし目をぱっちりとさせて、配信・通話が可能である。ラブレターの文例などはネットを検索すればいくらでも出てくるし、こういう場合はこうするといったノウハウの類も多数あってむしろ選ぶのに苦労するほどである。デートの最中のカップルが、目の前の相手と会話することもなく、スマホを操作する姿は珍しくない。これはある意味スマホを通してみる盛られた現実の方が、居心地の良い環境、重要度の高い関係性になっている証左とも言えるだろう。

第2節　メディアとは何か

最初に、メディアとはどのようなものであるかを確認したい。

メディアとは「媒体」とも言われる。情報を保存するのがメディアであり、情報を伝達するのに用いられるのがメディアである。恋愛という感情を人から人に伝えようとする時、そこにメディアが介在している。そもそも恋愛という感情は、メディアを介在して、惹起される機会が増えていると言えよう。

たとえば、音声という情報を保存することを考えてみよう。文字で保存するのは、想念・思念・思考といった文章で記述できるものが対象だ。これを昔は石や粘土板に彫り付けたり、木片や紙に書いたりしたわけである。この石や粘土板、木、紙などが「メディア」である。この場合、雨が降る音や風が吹く音などの音については擬音語に頼るにしても、音そのものではないことに留意が必要だ。想いについても、文字にしたものは、声音や口調などと言った情報は欠落するのである。音声をありのままに近い状態で保存しその伝達を可能にしたのは、レコード盤や録音テープあるいは電話やラジオといった、発明・技術革新によって生じた新たな「メディア」である。

また、たとえば、姿かたちや情景といった、人が見たもの・見えるもの・思い描けるものの情報を保存することを考えてみよう。古来であれば、石像や粘土像といった彫刻、あるいは、絵画として描いていた。ここでも、石や粘土、木、あるいは紙が「メディア」として活用されたのである。この場合、文字に比較すると含まれる情報が増え、記録するための技術の難易度が高まっている。このため、姿かたちの保存、そしてその伝達、いわゆる「ビジュアルコミュニケーション」が手軽にできるようになるまでには、有史以来長い年月を要した。写真や映画、テレビという「メディア」が発明されたのは、ここ100年足らずのことである。またコミュニケーションの手段として使えるようになるには、誰にとっても扱いが容易になり、広く一般に普及するまで待たなければならなかった。

そして今「スマホ」ことスマートフォンがもっとも身近なメディア、強力なコミュニケーションツールとなっている。スマートフォンは、スマート（知的）なフォン（電話）という名称ではあるが、音声での通話ができるだけではない。メールやチャットで文字をやりとりできる上に、写真や動画を気軽に保存・送信・共有ができる。

もし、スマートフォンがなかったら、人々は思いを伝えるのに手紙を書くか直接語り掛けるかしかなかった。メディアが限定的な機能しかもたないのであれば、そもそも、出会いの機会が少なく、恋愛の対象が極めて限定されていただろう。

文字・音声・画像・動画そのすべてを保存・送信・共有できるスマートフォンがあってこそ、今日の恋愛が成立していると言っても過言ではない。

こうした恋愛に欠かせないコミュニケーションツールとしてのメディアの成り立ちを、記録とコミュニケーションに分けて、詳しくみていこう。

第3節　メディアに記録することの変遷

今日のように、コミュニケーションツールとしてのメディアが成り立つためには、誰もが記録でき、誰もがその内容を理解できるものとなる必要があった。その移り変わりをみてみよう。

1. 壁画

現在の人類の直接の祖と言われる旧石器時代の生活の痕跡が、世界のそこかしこに残っている。

図7-1　ラスコーの壁画[1]

こうした旧石器時代の遺跡としてとくに有名なのが、1万8000年から2万年ほど前の遺跡と目されるフランス・ラスコーや、スペイン・アルタミラの洞窟壁画である（図7-1）。これらの洞窟壁画には、躍動する馬や牛、鹿などの野生動物、そしてそれらを狩る人たちの姿が生き生きと描かれている。

この時代、洞窟の中で火を灯しながら、「○○の方へ行ったら、牛の群れがいて…捕まえようとしたら、逆にこっちに向かってきて…」などと、狩りのエピソードを皆に披露していたであろう。また、その語りを絵として残して、さらなる豊かな獲物を祈ることは、大事なコミュニケーションであっただろう。

2. 石碑・粘土板

紀元前3000年頃、古代文明が興った。現在のエジプト・ナイル川周辺ではエジプト文明が興り、現在のイラン・チグリス・ユーフラテス川周辺ではメソポタミア文明が興った。

エジプト文明では、象形文字・ヒエログラフを用いて、遺跡・石板に文章が記録された。また、メソポタミア文明では、楔形文字を用いて粘土板に文章が記録された。

1）EU撮影。https://ja.wikipedia.org/wiki/ラスコー洞窟#/media/ファイル:Lascaux_painting.jpg

旧石器時代の壁画では、絵として描かれていた情報は、ある意味、描き手それぞれの特殊な能力に負っていた部分がある。誰もが、同じようにきれいでわかりやすい絵を描けるわけではない。しかし、ヒエログラフや楔形文字のように、情報が「文字」として、抽象化・単純化され、絵を描く能力を必要としなくなると、「文章」として書き表された情報も紛れることなく、理解されることとなった。

洞窟の壁画と異なり、石碑は社会に広く情報を知らしめる手段としての効能が大きく、また、粘土板は持ち運びや受け渡しも可能になるなどコミュニケーションの及ぶ範囲はいっそう広くなっている。

エジプト文明・メソポタミア文明の中では、文字の読み書きを教える教育施設や、記録された石碑・粘土板などのメディアを集積した図書館施設の存在も確認されている。コミュニケーションが組織化・社会化された時代であると言えよう。

3. 紙・印刷

文字を記録するメディアとして、石碑・粘土板の後は、木の板を使った木簡や、動物の皮を使った羊皮紙などの例がある。とはいえ、世界中で幅広く普及し、また、今なお長期に渡って活用されているというインパクトの大きさでは紙以上のものはないかもしれない。

紙が画期的であったのは、「版」を使って、印刷により大量に複製を作成することが可能になったことである。7世紀の中国・唐で、すでに木版による印刷が行われていたことが知られている。

近代的な印刷の祖型を作ったのは、15世紀ドイツの金細工師グーテンベルクである。彼により、金属活字を使った活版印刷術が実用化された。金細工の知識・技術を活かし、加工・作成しやすい素材を採用するとともに、高い精度の活字を作成した。この活字を組み合わせて版として、ワイン造りなどに用いられるぶどうの絞り器の技術を活かしてネジ式で押し当てる印刷機を設計した(図7-2)。こうした活版印刷技術により、多くの書物が作成されるようになったのである。

図7-2　15世紀の印刷所の様子[2]

4. 写真

恋愛において「見ため」という要素の占める割合は、小さくない。

恋愛の対象となる相手の姿かたちを、記録に留めようとする行為は永らく行われてきた。とはいえ、肖像画を描く技術を持つものは限られており、その描く技術を持つ限られた画家に、描かすことのできる権力・経済力を持つものはさらに限られていた。相手の見ためを記録に留める行為が広く行われるようになったのは、写真が登場してから後になる。

写真の基礎となる光学の研究も、また、長い歴史を持つ。古代ギリシアの哲学者アリストテレスは、ピンホール現象について記述している。ピンホール現象とは、針先のような小さな穴を通った光が像を映し出すことである。身近な例としては、木漏れ日が挙げられる。葉と葉が重なり合ってできる穴はそれぞ

2)　Meggs (1998). https://ja.wikipedia.org/wiki/ヨハネス・グーテンベルク#/media/ファイル:Printer_in_1568-ce.png

れ異なる形であるが、地面に映し出された像はどれも太陽と同じ丸い形をしている。

この原理を用いて、結んだ像を絵の下描きの参考にするための装置は「カメラ・オブスキュラ」と言われた。16世紀になると、ガラスの製造技術が進み、レンズが作られるようになる。19世紀には、光によって化学変化を起こす物質を用いて、結んだ像の定着が試みられるようになる。

フランスで印刷の研究をしていたジョセフ・ニセフォール・ニエプスは、光に反応する板をカメラ・オブスキュラに取り付け、1826年、自宅から見える家や屋根などの風景を記録した。ニエプスの急死後、彼の研究は、協力者のルイ・ダゲールに引き継がれ、より鮮明な画像を焼き付けられるようになった。彼は自分の名前から「ダゲレオタイプ」と名付け、1839年にはフランス学士院で詳細が公表された。これを特許としてフランス政府が買い上げ、一般に公開される。これによって、一躍、写真ブームが起きた。

5. 映画

カメラやフィルムのような光学装置の開発が進んだことにより、ごく短時間で多くの写真を連続して撮影できるようになった。また、それを速く正確なスピードで切替え投影するような精巧な機械が開発された。これらにより、映画というメディアが成り立つようになった。

発明王としても知られるエジソンは、のぞき穴から映像を見る装置「キネトスコープ」の特許を1891年に申請した。アクロバットやダンスなどを撮影し、1894年から興行を行った。

フランス・パリで写真機材の製造を行っていたオーギュスト・リュミエールと、ルイ・リュミエールの兄弟は、1895年パリのグランカフェにおいて短編映画『工場の出口』を公開した。エジソンのキネトスコープは覗き込む方式で、一度に一人しか鑑賞できないものであった。それに対し、リュミエール兄弟の「シネマトグラフ」は、映像をスクリーンに上映する方式で、同時に多くの人が鑑賞できるものであった。これをもって、私たちが慣れ親しんでいる映画の原型が整い、リュミエール兄弟は「映画の父」とも称される。

第4節　メディアで伝えること

粘土板や紙、フィルムといった「物体」に記録された情報は、コミュニケーションに用いるには難点がある。より多くの人に同時、かつ即時に伝えることが難しいのだ。その欠点を克服したのが、電気の通信への活用であった。

古くから電気については、研究の対象となっていた。たとえば、近代に入ってからの1752年にアメリカのベンジャミン・フランクリンが、嵐の中でのたこあげによって、雷が電気であることを証明した実験は有名であろう。

1800年にイタリア人のアレッサンドロ・ボルタが電池を発明する。ボルタの名前は、今日も電圧の単位ボルトとして残っている。電池が発明されたことにより、人類は、初めて電気を自由に利用できるようになった。電気は、徐々に照明や磁石などに活用の範囲が広がり、メディアの構成要素として欠かせないものとなる。

1. 電信

遠くに引いた電線の先にコイルをつなぎ、その近くに磁針（磁力を帯びた針）を置く。電気が流れていない時には何も起こらないが、電気を流すと磁針は動く。磁針が止まっているか動いているかで、遠方の電気スイッチのオンオフがわかる。これにより、情報を伝えることができる。

この原理に着目したアメリカ人のサミュエル・モールスは、1840年代、通信に用いる電線の本数を減らしてコストを下げること、通信線の途中にリレーを入れ遠距離での通信を可能にすることなどの改良を行った。あわせて、オンの時間が短い短点（ドット）と長い長点（ダッシュ）の組み合わせで、多数の文字・数字・記号を表現できるようにした。

1844年にはワシントンとボルチモア間（約60キロあまり。東京日本橋から神奈川小田原ほどに相当）で電信サービスが開始した。その後、電信は鉄道網と共に整備された。1861年には、アメリカ大陸を横断する電信線が完成している。また相前後してヨーロッパでも採用され、国際的な規格となり、永らく使われることとなった。

なお、モールスは元々画家として活動し、評価されていた。ワシントンで画家として活動していた34歳の時、ニューヘイブン（約480キロ。東京日本橋から滋賀草津ほどに相当）から父の使いが、妻の危篤を知らせにやってきた。彼はすぐに向かったが、間に合うことはなかった。これをきっかけとして、モールスは通信の研究を始めたのだという。

2. 電話

通信により、遠隔地とのコミュニケーションは、容易になった。しかし、モールス信号によるメッセージの交換は、誰にでもできることではない。

電気信号を用いて、音声を伝える電話の特許をアメリカで最初に申請したのが、アレクサンダー・グラハム・ベルである。ベルは、1976年に開催されたフィラデルフィア万国博覧会に電話を出品し、送話器側から受話器側にいる大勢の来場者に、ハムレットや新聞記事を朗読するなどのデモンストレーションを行った。デモンストレーションは評判となり、翌1877年にはベル電話会社が設立された。これが、現在も電話を始めとした情報通信を行う企業として存続しているAT & T社となった。

3. 無線・ラジオ

電線を使わないコミュニケーションの技術開発も進む。

イタリアのグリエルモ・マルコーニは、独学で電気を学び、1895年、イタリア郵政電信省に宛て自分の無線電信装置の研究への資金援助を依頼する手紙を書いた。結果的にイタリアではなく、イギリスで「電信と関連する装置の改良」として特許として認められた。

マルコーニと並行して、さまざまな人々が無線の開発、改善に取り組んだ。1900年12月23日、アメリカで働いていたカナダ人であるレジナルド・フェッセンデンは、電波で音声を送信した。その後1906年のクリスマスイブには、史上初となるラジオ放送を行った。クリスマスという時節を踏まえた、聖書の一節の朗読や音楽の演奏などの内容であった。この内容は、いわば「番組」といえるだろう。番組がマサチューセッツ州沿岸部の半径25キロの範囲に「放送」されたことで、いわゆる「ラジオ」というマスコミュニケーションのメディアが誕生したことになる。

4. テレビ

映像を遠隔地に送りたいという技術開発もまた多くの人たちによってなされる。

1925年、イギリスで、スコットランド人のエンジニアであるジョン・ベアードは、電気機械式のテレビジョンシステムの特許を取得した。小さな穴をらせん状にあけた円盤により画像を分解し、これを電気信号に変換して、伝送した上で、画像として再生するシステムである。

1927年、アメリカで、フィロ・ファーンズワースが、電子的なテレビシステムの特許を申請する。そして、1928年には、一般向けのテレビ放送がアメリカで始まる。テレビ放送は開始されてすぐに大人気となる。1932年からはイギリスでBBCが毎日テレビ放送を行うようになる。各国の為政者は、国民をひとつにまとめようとする際のメディアの大きな可能性に気がつき、国営テレビ局を作ったのである。

第二次世界大戦後は普及が加速し、20世紀末には世界中の家庭で最も普及した電化製品となった。

第5節　個人の想いを伝える自由度が高まってきたメディア

恋愛においては、個人対個人のコミュニケーションが重要である。そのコミュニケーションの手段として、今日、欠かせないのがスマートフォンである。

スマートフォンは、通常の電話のように音声で通話ができるのみならず、インターネットを介して文字、音声、画像、映像すらも交換できる。しかも、ケーブルによる場所の制約を受けることなく無線で通信ができる。加えて、さまざまなアプリケーションを用いてパソコンのような使い方もできるデバイスとなっている。想いを伝えるのに、直接会っていた時代、手紙を書いて渡していた時代は長かった。そこから、電話や携帯電話で場所や時間の制約がなくなっていく経過をまとめよう。

1. 電話

1890 年に東京や横浜で電話が開通する。しかし、当時の電話は、庶民が使うものではなかった。あくまで、ビジネスや行政のために用いられるツールであった。自宅に電話を持つのは、裕福な層だけであった。

たとえば、1910 年に夏目漱石は療養のために訪れていた伊豆修善寺の旅館で、吐血し倒れてしまう。漱石が危篤であるという情報を、東京の家族や、仕事先の新聞社に連絡をした手段は電話であった。その後回復した漱石が復帰第一作として書いた『彼岸過迄』の中でも、電話は登場している。自宅への訪問の可否を尋ねるなどの描写が主なものだが、恋愛に関連した描写の中でも登場する。

当時の電話は、壁に据え付けられたものであった。送話器（マイク）は、本体側についており、ケーブルに繋がった受話器（イヤホン）を手に持って、耳に当てる。そういう態勢で、通話をするものだった。通話するには、まず電話交換手を呼び出し、話したい相手を告げる。電話交換手が相手を呼び出し、つながるとベルが鳴り呼び出されて、通話ができるというプロセスだった（図 7-3)。

『彼岸過迄』では、「僕」がある家を訪ねた際、幼なじみの千代子という女性とたまたま二人きりになってしまう。千代子は、「僕」に対して「いっしょに電話を掛けて」とお願いをする。「喉が痛くて話ができないからあなた代理をしてちょうだい。聞く方はあたしが聞くから」と説明され「僕」は千代子が小声で話すことを大きい声で取り次ぐことになる。受話器は千代子が持っているので相手が何を話しているかは「僕」にはわからないまま大まじめに送話器に向かって話をする。やがて千代子の言葉が、「僕」をからかうようなものに変わり、担がれたことを察した「僕」が、受話器を千代子から奪おうとして、二人がふざけあうというような場面である。

ここでは、電話があるような裕福な家の女性と、電話の受話器というモノをめぐってのやりとりをしているだけである。情報をやりとりするコミュニケーションツールである電話ではあるが、そのメディアとしての側面が恋愛に影響を与えているわけではないことに留意しておきたい。

第二次世界大戦終了後、1952 年に国内の電話網の整備推進を目的として、

図7-3　19世紀末の電話機[3)]

電電公社が設立される。電電公社は、今日のNTTの前身となる組織である。契約者数は、当時140万であったが、その後飛躍的に伸びる。1981年度には4000万を超え、1995年度には6000万を超える。電話は一家に一台となり、人々にとって、身近な通信手段となる。

若者にとっても電話が身近になったことは、1973年にアイドルグループ・フィンガー5が歌って大ヒットした「恋のダイヤル6700」という曲から見て取れる。この曲は、卒業式の前日に、電話で告白をしようとする男子学生の心情が歌詞になっている。

当時、電話を繋ぐのには、機械的に接続するようになり始めていた。しかし、市外との通話には、まだ交換手を介して人力で繋ぐ必要があったために数時間掛かることもあった。全国が自動ですぐにつながるようになるのは1979年の

3)　https://www.postalmuseum.jp/column/collection/delvillewalltelephone.html

図 7-4　いわゆるダイヤル式黒電話[4]

ことである。機械的に繋げるために電話番号を入力するための装置が「ダイヤル」である。たとえば電話番号として「0」を入力したければ、0 のところの穴に指を入れ、時計回りに右下のストッパーのところまで回した後で、指を離す。すると、バネの力でダイヤルは元の位置まで戻っていく。その戻るまでのカウントが数字の情報に変換され、交換機に送信される。このダイヤルの回転による数字の入力を電話番号の桁数分だけ繰り返すのである（図 7-4）。

電話が広く普及しても、それはあくまで各家庭にであって、一人ひとりの個人が自由に使えた時代ではなかった。このため、家に電話をしても、父親などが出て取りついでもらえないことや、誰かが電話をしていると「話し中」となって繋がらないこともあった。

家に電話をしても、本人ではなく他の人が出てくるかもしれないという懸念は、公にできない恋愛や秘密にしたい恋愛にとって、電話というコミュニケーション手段はリスクがあるものだということを意味する。

1985 年に TBS のドラマ「金曜日の妻たちへ III」の主題歌として大ヒット

4)　600 形 A2 自動式卓上電話機（高岡市立博物館蔵）。https://bunka.nii.ac.jp/heritages/detail/274016

した「恋に落ちて」という曲は、家庭がある男性と不倫をしている女性が、電話をためらう心情が歌詞になっている。

「金曜日の妻たちへ III」は、子どもの頃から仲が良かった30代の女ともだちの4人を中心とした物語である。そのうちの一人の女性（演じたのは篠ひろ子）が結婚した相手（演じたのは古谷一行）は、別の女性（演じたのはいしだあゆみ）の大学時代の元カレだった。ふとしたキッカケで再会した元恋人同士の二人が、別れのキッカケとなってしまった経緯の詳細を知り、お互いの心の底に残っていた恋愛感情に気づいてしまうというのがおよその話である。

ドラマは大ヒットし、「金妻」と略され社会現象を起こす。また「金妻」は不倫の代名詞ともされた。

「恋に落ちて」の曲自体は、ドラマのストーリーと直接の関係はなく、不倫の関係にある女性のことを描いている。女性と不倫をしている男性は週末になると、自宅の家族の元へ行ってしまう。その週末の間、自由に会うことのできない女性は、自分の部屋にいて孤独を嚙みしめているものの、耐えきれずに男性の自宅に電話をしようとする。しかし、誰が出るかわからない。もしかしたら、男性の妻が出て、不倫をしていることが露見してしまうかもしれない。男性に迷惑を掛けてしまうかもしれない。そういう思いから、ダイヤルを回す手を途中で止めてしまうのである。

2. ポケベルと第1世代の携帯電話

個人と個人のコミュニケーションに用いられるメディアとして、ポケベル（ポケット・ベル）やケータイ（携帯電話）などの移動通信が登場することにより、恋愛の様相も変わってくる。

1979年、電電公社が自動車電話サービスを開始する。これは、民間用としては、世界で初めてのことであった。移動通信が自動車に搭載する装置から始まったのは、自動車に搭載することで装置の大きさ・重さといった難点をカバーできたこと、また、大きなアンテナを接続することが可能であったこと、電源に車のバッテリーを使うことができたことなどによる。当時の装置は、大きさが7リットル、重さが7キロもあったのである。

ついで、1985年には小型化が進み、肩に背負って持ち歩く端末ショルダーフォンが登場した。持ち歩く端末とはいえ、重量が3キロもあるものだった。そして、保証金が約20万円、月額基本料金が2万円強、通信料が1分100円と高額であった。このため、使用者はごく一部のものに限られ、一般的な普及にはほど遠かった。

1987年に公開された映画「マルサの女」では、ショルダーフォンが印象的に用いられている。「マルサ」とは、国税局査察部の俗称である。そこに務める女性調査官がこの映画の主人公である。脱税をしている事業者の自宅などに踏み込むシーンでは、本部とのやりとりをショルダーフォンを使って行っている。

やがて、携帯電話の小型化の競争が始まる。半導体LSI技術が進歩し、端末の中の回路を集約することによって、小型化が達成でき、あわせて消費電力も少なくなる。

1988年にフジテレビ系列で放送されたドラマ「抱きしめたい！」では、主人公の女性が携帯電話を使う。「抱きしめたい！」は20代後半の女性二人（演じたのは「W浅野」こと浅野温子と浅野ゆう子）が主人公であった。当時はバブル期で、このドラマでも、若い女性たちが憧れる手が届きそうで届かないライフスタイルを描いていた。このドラマで浅野温子が演じたのは、屋上にジェットバスがあるようなデザイナーズマンションに暮らし、携帯電話を使いこなすやり手のスタイリストである。しかし、その携帯電話は、平成・令和の時代にお笑い芸人に揶揄されている、弁当箱ほどのサイズのものであった。

この時期はまだ、携帯電話はあくまで、裕福な会社経営者がビジネスで使うものという性質が強かった。1988年当時の携帯電話の契約者数は9万人程度にすぎなかった。一般的な庶民や若者には、ポケベルの方が身近であった。

ポケベルことポケットベルは、英語ではページャー（Pager）やビーパー（Beeper）と呼ばれるものである。スマートフォンから、通話機能やWebブラウジング機能などをそぎ落とし、呼び出し音を鳴らすことができるだけの状態にした装置をイメージしてもらえば近いだろうか。特定の番号に電話をするとポケベルが「ピーピーピー」と鳴るという仕組みである。後に、音ではなくバイブレーションで着信を知らせる機能や、数字やカナを送信しディスプレイに表示できる機能がついた（図7–5）。

図 7-5 ポケベル

ポケベルも当初は、ビジネス用途として広まった。営業などの外回りの際にポケベルを持っていってもらう。会社側から連絡を取りたいときに、ポケベルを鳴らす。呼び出された側は、会社に折り返し電話をして用件を聞くというような形での使い方である。

やがて数字を送信し、ディスプレイに表示できる機能が付く。掛けた側が折り返して連絡をしてほしい電話番号を送信するのが、正統な使い方である。利用料金も安くなり、また機器も小型になり、若者・学生にも広く普及し始める。

たとえば、1993年に日本テレビ系で「ポケベルが鳴らなくて」というドラマが放送され、同時に、同じタイトルの主題歌も大ヒットとなる。

ドラマは、50代の男性（演じたのは緒形拳）が娘の友人である20代の女性（演じたのは裕木奈江）と不倫関係に陥ってしまうというストーリーである。劇中では、連絡をとりあう手段としてポケベルが広く使われる。

秋元康が作詞した主題歌の方は、自分の側からは連絡ができない状態の女性が、ポケベルを男性が鳴らしてくれるのを待っているというシチュエーションが描かれている。

3. 第 2 世代携帯電話とスマートフォン

1993 年には携帯電話の通信方式が変わる。それまでのアナログ方式から、デジタル方式へと変わり、音声のみならず、データの通信もできるようになる。いわゆる第 2 世代（2G）携帯電話である。デジタルになることよって、端末機も基地局も小型化、低コスト化が進む。携帯電話各社の競争もあり、それまで高かった料金が安くなりはじめ、普及がいっそう進むことになる。

1994 年のドコモの携帯電話の CM には、ドラマ「課長島耕作」で「課長」を演じていた宅麻伸が出演していた。それまでの携帯電話の使い手が「会社経営者」レベルの人たちであったものが、現場で仕事をする課長レベルの人たちの手に届くまでになってきたということであった。

1996 年からしばらくの間、ポケベルの CM に女子高生役で出演していた広末涼子が、1999 年には携帯電話の CM に出演するようになった。もはや、携帯電話が年配男性のビジネスのためだけのものではなく、若者や女性などが手軽に使えるものになってきたということであった。

この時、ドコモは携帯電話からインターネット接続が可能になるサービスである「i モード」を始め、爆発的な人気を呼んだ。携帯電話が単なる通話のための装置ではなく、情報処理端末へとその役割を変えたためである。たとえば、Web サイトを見ることができ、また E メールをやりとりできた。写真やムービーを撮影することができ、それをメールに添付して送信することもできた。ワンセグテレビや、電子マネーの機能も持っていたし、アプリをダウンロードしてゲームで遊ぶこと、音楽を聴くことも可能であった。

ただ、こうした日本独自のコミュニケーション空間は、携帯電話が第 3 世代（3G）に変わると、大きく様変わりを見せる。第 3 世代では、通信方式を世界的に標準化し、高速でのデータ転送を可能にしようと計られた。

2008 年に日本で発売された iPhone3G の衝撃は大きかった。2G 時代のガラケー（ガラパゴス・ケータイ）の生態系を破壊してしまった。それほどまでに iPhone3G は性能が高く、使いやすさの面でも他の追随を許さないものだった。パソコンとの連携がスムーズにでき、Web ページの閲覧や E メールの送受信もパソコンと同等にできた。写真の撮影、音楽の再生についても、その性能・使いやすさは圧倒的だった。そして何より、世界中から提供されている多種多様なアプリを使えることが大きかった。たとえば、Twitter や LINE、YouTube などのソーシャルメディアやメッセージングアプリ、動画共有サイトなどは、コミュニケーションと恋愛のあり方を別次元のものに変える力があった。

第6節　恋愛のきっかけをつくる手段としてのメディア

「恋愛」のありようを一歩引いて俯瞰して眺めてみると、現在の日本で行われているような、自分の好きな人と自由に出会い愛を育む「恋愛」は、古来からの伝統というわけではない。少なくとも、第二次世界大戦以前の法律では、結婚には戸主・家長の同意が必要であったし、男性 30 歳以下、女性 25 歳以下の場合は父母の許可も必要であった。戦後、両性の合意だけで結婚が成立することに変わってから、初めて、恋愛という行為が可能になったのである。

結婚が当人の意思に背いて強いられるもの、否定されることもありえるものではなくなり、自由な恋愛の帰結として選択可能なものとなったため、「出会い」というものの重要性が高まった。決定的なものになったともいえる。「出会い」が無ければ、恋愛も生じえないからである。

ここでは、男女が恋愛関係となるきっかけである「出会い」において、さまざまに変化したメディアがどのように使われてきたのかを見てみたい。

1. お見合い

結婚が恋愛を経ずになしうるものであった時代があった。むしろ親が決めた人と結婚するのが当然とされた時代の方が長く、伝統的な制度ともいえる。その時に重要なことは、家柄や資産、年齢、健康状態などの今で言う「スペック」であった。「人間は獣ではなく、万物の霊長であり知性がある。ゆえに、生き物の中で唯一、親が決めた相手と結婚ができる」という物言いも、説得力をもって受け入れられていたという。

ここでは個人の気持ちや感情は斟酌されない。また外見の重要度も今よりは相対的に低かったといえるだろう。「男女七歳にして席を同じうせず」と言われていた時代では、学校も別々であり、多くの異性と知り合うこともなく、えり好みのしようもなかった。

近代に入ってからの、新聞や写真、映画というメディアの登場は、こうした状況を変えるきっかけとなった。

美人とされる女性や、裕福な家の令嬢の写真が新聞に掲載されたり、スターとなる俳優・女優の映画が公開されたりすることで、「美」の標準・基準の共通理解が進んだ。言い換えれば「こういう人が世間では美人と言われているんだな」というのがわかりやすくなったのである。

写真が贅沢なものでなくなり、庶民にとっても身近なものになると、「お見合い写真」という文化が生まれる。家同士が納得できる関係性のある候補をあらかじめ選び、その写真を見せお互いに「悪くない」と思えるものを引き合わせれば、スムーズな結婚に至るという算段である。「気に食わない」ということであれば、次々と別の候補を紹介することもでき、効率も良い。

1940 年代、第二次世界大戦後には見合い結婚は 70% 程度で、それが「普通」であった。たとえば、1946 年に連載が開始された「サザエさん」において、サザエとマスオの出会いはお見合いによるもので、出会ったその日に結婚を決めている。

その後、一貫してその割合は減り続け、1960 年代に恋愛結婚と逆転をする。1990 年代半ばには 10% を切り、2010 年代には 5% 台にまで下がった。

現在は、見合いの習慣は、ごく少なくなった。しかし、成人の際に、女性が晴れ着・振り袖を着て、フォトスタジオで写真を撮る習慣は根強く残っている。

2. 文通

電話が個人個人の連絡手段として身近になるまでは、手紙が重要なコミュケーション手段であった。好きになった相手に告白をするための手紙や、交際をしている相手と理解を深め愛情を育むための手紙が想起される。

その時代にも、見ず知らずの人と知り合いたい、遠く離れたところに住む趣味の合う人と交際をしたいというニーズはあった。新聞・雑誌に住所・氏名などの連絡先を載せるということがされていた。文通相手、ペンパル・ペンフレンドを募集するのである。たとえば、学年誌（旺文社が発行している『蛍雪時代』など同学年の読者を対象としている雑誌）や映画情報誌などで、趣味が合う人を求めるのである。

個人情報の管理に神経質になっている現在では、考えにくいことかもしれない。しかし、かつては、住所などの連絡先は、現在のSNSのアカウントのように比較的カジュアルに公開されるものであった。たとえば、現在、マンガ家に対してファンレターを出そうとすれば、連載をしている雑誌の編集部に送るであろう（そもそも、今は手紙などではなく、作者のTwitterアカウントにメンションをしたり、作品名のハッシュタグを付けてつぶやいたりする方が普通かもしれないが)。かつては、雑誌に作者の住所が載っていて、読者は作者に対して直接手紙を送っていたのである。富山県に住んでいた藤子・F・不二雄と藤子不二雄Aは、豊島区椎名町にあるトキワ荘に住んでいた手塚治虫に対してファンレターを送り、それがきっかけで上京して訪問をしたり仕事の手伝いをしたりというところからキャリアが始まっている。

1978年には、すべてが読者の投稿だけでできた「ポンプ」という雑誌が刊行された。掲載された投稿内容に感想や意見があれば、編集部に対して投稿すれば、それがまた掲載されるという仕組みの雑誌であった。今のインターネット掲示板やTwitterのような雑誌といえるかもしれない。掲載されたものには投稿者の住所と氏名までが記載されており、直接、投稿者に対して手紙を送ることもできた。

手紙というメディアを介して出会う時代は、ネットが市民権を得るまで続いた。

3. テレクラ

電話が個人と個人のコミュニケーション手段として普及した時、不特定多数と知り合うきっかけを生むツールとしても使われるようになった。

掛けられた側が通話料を負担する「フリーダイヤル」や、通話料とは別に情報提供料を徴収可能な「ダイヤルQ2」といったサービスを1980年代中盤以降にNTTが提供し始めると、それを活用した出会いの場が生まれる。

たとえば、「フリーダイヤル」を使った出会いの場が、テレクラ（テレフォンクラブ）である。お店はフリーダイヤルの電話番号を雑誌に掲載し宣伝したり、ポケットティッシュとともに街頭で配布したり、公衆電話にチラシを貼ったりして、女性に電話を掛けてもらうようにする。男性は、繁華街・風俗街に構えられたお店に行き、お金を支払い、小さな個室の中で女性から電話が掛かってくるのを待つ。待機している男性は複数いるため、女性との会話が成立するのは早い者勝ちになる。他愛の無い会話をするという建前の場所であったが、落ち合ってデートをすること、そしてあわよくば性行為をすることが暗黙の目的であった。やがて、売春を行っている女性が客を探す手段となったり、サクラの女性が男性に期待を持たせて入場料をせしめるだけの場となったり、普通の人同士が出会う場というよりも性風俗産業の一形態として発展する。

女性向けの宣伝が、活発・過剰になると、若年層・学生が、興味本位で利用するようになる。すると「女子学生の『性の商品化』がテレクラを介して行われている」「性的好奇心を刺激し非行を助長している」と強い批判に晒される。たとえば、貧しかったりお金に苦労したりしているわけではなくとも、ほんの少し高いものやちょっと贅沢なものが欲しいだけのために、女子高生がテレクラで知り合った人とデートをして飲食代やカラオケ代などを奢らせたり、対価としてお金をもらったり、そしてそれが売春行為にエスカレートしたりといったことが問題視された。いわゆる援交（援助交際）である。

芥川賞作家村上龍が1996年に書いた小説を原作として、エヴァンゲリオンで知られる庵野秀明が1998年に監督をした映画に「ラブ＆ポップ」がある。この作品では、援交をする女子高校生が描かれている。テレクラに電話をする場面もある。あわせて、同作品のDVD版には、庵野監督が実際にテレクラに電話をしてきた女性と会話を試みる短編動画が特典映像として収められている。

その後、法的な規制が掛かって、テレクラは衰退しはじめる。東京都は1997年に「テレクラ及びデートクラブ規制条例」を施行し、営業禁止区域を広げ、広告などを規制した。また「青少年健全育成条例」に「買春等処罰規定」を盛り込み、買う側に罰則を科した。一方で、こうした規制強化の網を潜るように、男性が「ダイヤルQ2」を使うことで、店舗に出向かなくても女性と会話ができるような「ツーショットダイヤル」の仕組みが1990年代には生まれる。テレクラの衰退は、いっそう拍車がかかった。やがて、ネットによる新たなビジネスがとってかわるようになる。

4. パソコン通信

インターネットが普及し始める前から、パソコン通信というネットワークサービスは使われていた。Internetが「〜の間」「相互に」を意味するInterと、Netを併せた語であることからもわかるように、インターネットとは、無数のネットワークとネットワークが広く接続されたものである。これに対してパソコン通信は、閉じたネットワーク空間であり、一か所のサーバーに対して、会員だけがアクセスできる限定されたネットであった。代表的なものにはNIFTY-ServeやPC VAN、ASCII Netなどがあった。また「草の根BBS」と呼ばれる個人運営の小規模なコミュニティも全国各地に点在していた。そこでは、テーマごとの掲示板や、リアルタイムのチャット、会員同士のメールといったサービスが提供されていた。加えて、大手ではニュースやデータベース検索なども利用できた。サービス自体は現在のインターネットでのやりとりと大差がない。しかし、パソコン通信では、同じ通信事業者のホストコンピュータに接続しているユーザー間でのみコミュニケーションが可能であり、他のホストコンピュータ利用者とのコミュニケーションはできなかった。それでも、最盛期である1996年には573万人が利用していた。

1996年に公開された森田芳光監督による映画「(ハル)」は、パソコン通信を介した出会いの様子を描いている（図7-6）。東京で食品会社の営業マンをしている男性・ハル（演じたのは内野聖陽）が、盛岡のデパートで販売員をしている女性・ほし（演じたのは深津絵里）と、映画の話題を扱うパソコン通信のチャットで意気投合し、メールをやりとりするようになる。ほしは、パソコン通信の中では東京在住の男性とプロフィールを偽っていた。女性ということが知られて、ちょっかいをだされるのを嫌っており、また、恋人を亡くしてから恋愛をする気になれずにいたからだった。そんなウソがひょっとしたことからバレてしまい、二人は少しずつ、他の人には言えない気持ちのこもったメールを交わすようになり、やがて惹かれ合っていく。

パソコン通信では、音響カプラやモデムという装置を介して、コンピュータのデータを一旦音声の信号に変える。その音声を電話の音声というアナログ通信で送受信していた。したがって、やりとりできるのは、文字のデータがほとんどで、画像をやりとりするのは難しい。もちろん、写真をパソコンに取り込

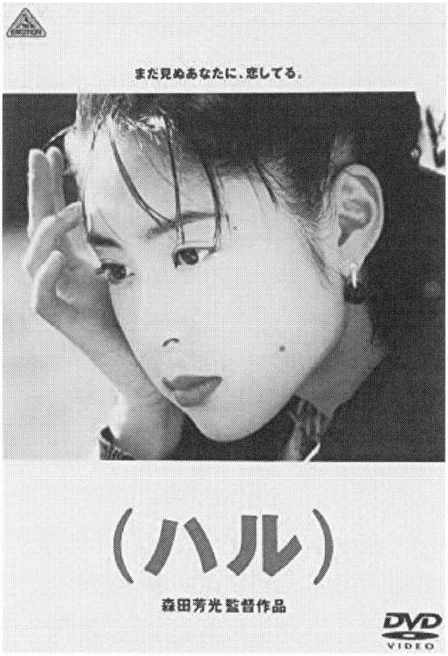

図7-6　森田芳光監督「(ハル)」1996年

むスキャナのような装置は一般の人には手が届かない。したがって、お互いの実在を確認するには、会うしかなかった。メールは、自宅に置いてあるパソコンを起動し、家の電話を介して、ホストに接続しなければ確認することも送信することもできなかった。彼らは、日時と場所、お互いの目印を決めて、会おうとするのだった。

5. インターネット

パソコン通信が下火になっていくきっかけは、まず1995年に発売されたWindows95であった。Windows95では、ユーザーインターフェースが使いやすくなり、マウスでさまざまな操作ができるようになった。このため、パソコンを使うための敷居がぐっと下がり、老若男女、大勢の人たちがパソコンを使うようになった。加えて、ネットワーク接続機能が充実しており、比較的簡単な設定でインターネットにアクセスできるようになったのだ。インターネットはもともと大学や研究期間を相互接続するところから始まっている。それまでのインターネットは、研究者などごく限られた人が利用するものだったのが大きく変わったのである。

インターネットが一般化してくると、さまざまなWebサイトが作られるようになった。行政機関や企業だけでなく、個人も「ホームページ」を作り、情報発信の担い手になった。個人が作るホームページの内容は、自己紹介であったり、日記であったり、趣味の紹介であったりといったものが多かった。また、誰もが自由に書き込める掲示板を併設したり、メールアドレスを掲載したりといったことも行われた。これにより、同じような趣味・興味を持つ人と繋がれるようになった。

とはいえ、Webサイトを作成するためにはHTMLの知識やデザインのセンスが必要であり、この段階では誰もができるものではなかった。

2003年に、そうした技術をまったく持っていなくても、必要な項目を打ち込めばすぐに「ブログ」を作成することができるサービスが相ついでリリースされた。ブログ（Blog）とは、WebとLog（記録）をあわせてできた造語であった。たとえば、「livedoor Blog」や「ココログ」「アメーバブログ」などが相次いでリリースされた。これらのサービスを利用すると、誰もが手軽に自分の所感を発信できるようになった。読んだ人もまた、気軽に感想やコメントを書くことができ、コミュニケーションのハードルも下がった。多くの芸能人や有名人がブログを通じて情報を発信するようになった。当時、書いていたブログが人気となっていたタレントの真鍋かをりは「ブログの女王」と呼ばれた。

6. モバイルインターネット

こうした「ホームページ」や「ブログ」は、元来パソコンでの作成や閲覧が前提であった。当時の日本は、諸外国とは異なり、ケータイでのネット接続が手軽に行える環境であった。若者へのケータイの普及とあわせて、2000年には、PCベースのインターネットより、モバイルインターネットユーザーの方が多くなった。また、2003年には、データ定額料金プランが導入された。こうした環境の変化に合わせて、2004年頃から、ケータイのネット接続環境で、個人の情報発信と交流ができるSNS（ソーシャル・ネットワーク・サービス）がリリースされ始める。

多くの人にSNSを広めたのがmixi（ミクシィ）であった。友だち同士がコミュニケーションする「日記」や、同じ趣味の人たちが集まる「コミュニティ」、誰がいつ自分のページを訪れたかがわかる「足あと」など、コミュニケーションが起こりやすく、維持しやすい機能の数々を展開した。

しかし、mixiは、アカウントを作成するには会員から招待されることが必要であった。また、当初は18歳以下は使えなかった。このため、中高生に人気になったのは、機能を絞り込み、ケータイに最適化した「プロフ」「プロフィールサイト」のサービスだった。プロフとは、ケータイで撮ったプロフィール写真を載せた上で、「性別」「誕生日」といった基本情報に関する質問、そして「生まれ変わったら」「マイブーム」「好きなタイプ」などの多様な質問から、好きな質問を選んで答えるだけで、自己紹介ページが作れるサービスであった。たとえば「前略プロフィール」や「Chip!!」というサービスが有名であった。「前略プロフィール」では、プロフィール以外に、「アルバム」「リアル」「ゲストブック」「メールボックス」という機能があった。「アルバム」とは携帯のカメラやプリクラで撮影した画像を一覧にして公開できるものである。また「リアル」は、自分の現在の状況を書き込むもの、「ゲストブック」は開設した本人に向けて、公開型でコメントを書き込むもので、掲示板のように返信できた。「メールボックス」はメールアドレスを開設者が公開していないものの、閲覧者側がメールボックス宛に送れば、第三者の目に触れずに直接メッセージを届けられるものだった。

さらに自分のアバターを作って交流する「モバゲータウン」「GREE」などのサービスが始まった。アバターとは自分の分身となるキャラクターである。髪形や服装などのパーツを細かく変更することで、自分の個性を打ち出すことができた。こうして交流をもった友人と協力してゲーム行うことが人気を博すようになる。

こうして、ケータイでアクセスをする各種のSNSは全盛となり、mixiは2006年には会員数が300万人を突破し、その年の新語・流行語大賞のトップ10にも選ばれた。

大きな転換点となったのが、2008年に日本で発売されたスマートフォン、先述したiPhone3Gである。スマートフォンの操作性の良さ、性能の高さは圧倒的であった。とくに、2011年の東日本大震災をきっかけにして開発されたメッセージングアプリLINEはスマートフォンとの親和性が高く、それまでのケータイのショートメッセージでのやりとりを駆逐し、ガラケー（ガラパゴス・ケータイ）と呼ばせるまでになってしまった。つまり、日本で独自に発展し、絶滅に瀕した機種ということだ。

第7節　メディアで恋愛関係を深める

人は、出会っても、かならず恋愛関係になるわけではない。出会った後で、交流を重ね、相互の意識に変化がなければならない。

恋愛関係を深めるメディアの役割を見るのに、同じような物語構造をもっている作品におけるコミュニケーションの取り方の違いの変化に着目したい。まずは1897年に上演された戯曲「シラノ・ド・ベルジュラック」、そして、そのシラノを80年代の北米を舞台に翻案し1887年に公開された映画「愛しのロクサーヌ」、加えて2004年のインターネット掲示板での書き込みから書籍化・映画化・テレビドラマ化・コミック化もされた「電車男」を取り上げる。いずれも、ある女性を好きになった男性が、その愛を得るために、他の人の助けを借りるという物語構造になっている。物語の鍵となるのは、メディアを使った「入れ知恵」や「なりすまし」である。いずれも、結果的に男性の愛は成就することになるのだが、果たして女性が愛しているのは本当にその男性のことなのかという問題意識が浮き彫りになる。

1.「シラノ・ド・ベルジュラック」

「シラノ・ド・ベルジュラック」という戯曲は、1897年フランスのエドモン・ロスタンによって書かれ、後に何度も映像化されている（図7-7)。

主人公であるシラノは、学者であり、詩人であり、剣客だった。彼は従姉妹の美女ロクサーヌを密かに想っていた。しかし、鼻が大きく、特異な風貌をしていたことを気にして、シラノはロクサーヌに愛を打ち明けられずにいた。一方、ロクサーヌが好きなのは、シラノと同じ近衛青年隊に所属する美男のクリ

図 7–7　ジャン＝ポール・ラプノー監督「シラノ・ド・ベルジュラック」1990 年

スチャンであった。クリスチャンも、ロクサーヌが好きなものの、口下手であった。そこでクリスチャンはシラノの力を借りる。シラノに手紙を書いてもらい、告白の言葉を代わりに話してもらう。それによって、ロクサーヌとクリスチャンは結ばれる。やがて、シラノとクリスチャンは戦場に送られる。戦場で、シラノは、クリスチャンに代わり毎日ロクサーヌに手紙を送る。その内容に感激したロクサーヌは危険をおして、戦場のクリスチャンのところへやってくる。

クリスチャンが「なぜ、ぼくに会いに来たのか？」と尋ねると、ロクサーヌは「お手紙のせい。ただあなたの魂を、わたくしは愛しております。美しいお心はあなたのお顔も忘れさせる」と答える。クリスチャンは、ロクサーヌが本当に愛しているのは自分ではなくシラノのことであると悟り絶望をしてしまう。

「シラノ・ド・ベルジュラック」のストーリーの中では、手紙というメディアを使うことによって、外見的には劣っている男性であっても恋愛関係を深めうるということを示しているだろう。

2.「愛しのロクサーヌ」

「シラノ・ド・ベルジュラック」の翻案である「愛しのロクサーヌ」は、アメリカの人気テレビ番組「サタデーナイトライブ」出身のコメディアンとして知られるスティーブ・マーチンが、製作・脚本・主演を務め、1987年に配給された映画である（図7–8)。

「シラノ・ド・ベルジュラック」を80年代の北米を舞台にコミカルに翻案しており、シラノに相当するのは、C. D. ベイルズという田舎町の消防署長である。彼は、シラノと同様に賢く文才があるものの、やはり鼻が大きく特異な風貌をしていた。

ロクサーヌは、夏の間だけ、ひなびた土地で天体観測をしようとやってきた美人の研究者であった。ふとしたアクシデントで、裸のまま家を締め出され、消防署に助けを求めたことで、C. D. と出会う。

その夏、C. D. の消防署に新たにクリスという美男子が加入する。クリスは、「シラノ・ド・ベルジュラック」のクリスチャン以上に話が苦手な、いわゆる「筋肉バカ」という設定に誇張されている。

まず、クリスは手紙を書くが、ロクサーヌは電話ではないことを訝しみうまくいかない。結局、C. D. が代筆することによって、デートにこぎつける。

デートでは、クリス一人では言葉がうまく言えないので、C. D. が消防無線を使って台詞を伝えようとする。しかし、途中で「3号車応答せよ」「メイン通りで空き巣発生」などと混信し、失敗に終わる。

ロクサーヌの研究が認められ大学に戻っている間、C. D. はクリスに成りすまして手紙を毎日を送る。ロクサーヌはその内容に感激し、クリスの元に戻ってくる。しかし、現実のクリスは手紙のようなことが話せる人物ではなく、結局、C. D. の成りすましがロクサーヌにバレる。クリスは別れの手紙をロクサーヌに残し、町を去って行く。

「愛しのロクサーヌ」のストーリーの中では、100年前の「シラノ・ド・ベルジュラック」とは違い、多様なコミュニケーション手段が登場する。じっくり伝えたいのか、リアルタイムで反応が知りたいのか、目的によって手紙や電話、無線などのメディアが使い分けられている時代になったことが見て取れる。

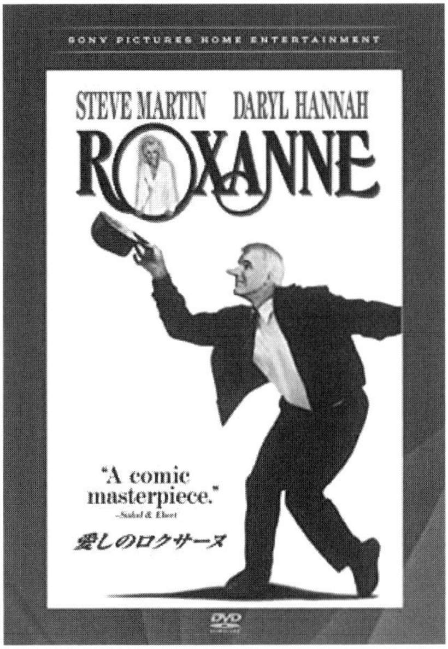

図7-8　フレッド・スケピシ監督「愛しのロクサーヌ」1987年

3. 「電車男」

「電車男」は、2004年、インターネット掲示板「2ちゃんねる」への書き込みから評判になった話である。最初はネット上に読みやすくまとめられたものが書籍化され、それを元に映画化（図7-9)、テレビドラマ化、コミック化もされた。

「電車男」という呼び名は、インターネット掲示板での男性の通称である。電車の中で酔っ払いに絡まれていた女性を助けたいきさつを、インターネット掲示板に書き込んだことから名付けられた。電車男は、アキバ系のオタクであった。ひょんなことから、勇気をふりしぼって女性を助けたものの気後れし、相手の連絡先も聞かずに、そのまま帰ってきてしまう。ただ、こちらの連絡先は相手に伝えていたので、数日後に宅配便で御礼の品物が届く。それがエルメスのティーカップだったので、相手の女性はインターネット上の通称で「エルメスさん」と呼ばれることになる。

図 7-9　村上正典監督「電車男」2005 年

ここから、インターネット掲示板では、電車男への恋愛指南が始まる。「宅配便の送り状の電話番号宛に御礼の電話をいれろ」「食事に誘え」「髪型、ファッションを変えろ」など。電車男は、こうしたアドバイスを受けて、行動に移していく。やがて、電車男とエルメスさんの恋は実る。

「電車男」の話は、「シラノ・ド・ベルジュラック」や「愛しのロクサーヌ」と同様に、女性とうまく話ができない男性が他の人の助けを借りるという構造をしている。助けを借りる際のメディアは、手紙から、無線や電話、インターネットへと変わっている。そしてインターネットになったことで、やりとりされる内容は、特定の個人に起因するものではなく「集合知」の結果として導き出されたものに変わっている。

第 8 節　情報爆発の時代の恋愛

ここまで、スマートフォンを私たちが使うようになる以前の恋愛の様子をみてきた。

2008 年の iPhone3G の発売から 10 年以上が過ぎた。この間、私たちが手にするメディアは、これが同じスマホであるとは思えないほど、大きく変化している。デバイスの記憶容量は増え、処理能力は高まった。そして、通信スピードは速くなり、通信可能エリアも大きく広がった。

加えて、サーバー側の性能も上がった。蓄積された情報も増えサービスも多様化している。メディアを通じた体験もこれまでとは異質なものになってきている。

たとえば、パソコン通信の時代では、1 枚の画像を送信することすら困難だった。データを送るのに長い時間が掛かっていた。そもそも、写真をデジタル化する装置を個人が所有することは無理であった。

それが、今日では、ケータイで手軽に写真を撮影することができる。その上、撮った写真をそのまますぐに送ることができる。現在のスマホのカメラは、かつての高性能カメラに匹敵する性能をもっている。手ブレすることなく夜景が撮影できたり、スローモーション映像が撮影できたりする。

加えて、撮影している動画にリアルタイムでフィルターを掛けて、肌の色艶をよくなめらかにしたり、目をぱっちりと大きく見せたりできる。一昔前は、画像の一コマを加工することすら、何分も何時間も掛かっていたのとは大きな違いである。さらには、その加工した映像を 1 対 1 の通話、多数に向けての配信に使うこともできる。

こうした画像加工のアルゴリズムは日々進化しており、バーチャルなキャラクターにアニメーションさせることもできるし、有名人のキャラクターを取り込んで実在しない発言の映像を作ることすらできる。

エジソンはキネトスコープでダンスパフォーマンスを上映して見せた。今や TikTok だけでも、何百・何千というダンスパフォーマンスが毎日配信される。有史以来、人類がメディアに記録し蓄積してきたデータ量を日々流通するデータ量がしのぐ時代、いわば「情報爆発」の時代に入っているのである。

その人の「存在」とは、言い換えれば、その人のそれまでの経験の「蓄積」である。現在のメディアの性能は、その蓄積をしのぐ量のデータを流通させることが可能である。言い換えれば「盛る」ことができるということだ。「盛る」とは、外見をより美しく見せるだけではない。スマホを通したコミュニケーションでは内面すら盛ることが可能である。スマホを使えば、デートでどこへ行くか、二人きりになった時に何を話すか、さまざまな場面で適切に振る舞って見せることも難なくできる。

デートの最中のカップルが、目の前の相手と会話することもなく、スマホを操作する姿は珍しくない。盛られた現実の方が、居心地の良い環境、重要度の高い関係性になっているのである。

「スマホを置いて、目の前の現実と向き合え」「『盛り』に頼ることなく、実際の中身を磨くべし」と言うのはたやすい。しかし一方で、これだけ高性能なスマホがごく当たり前の存在になった今、「実際の中身」というものが本当に存在していると言えるのだろうか。たとえば、火を付けるのに、みんながライターやマッチを使う時、木をこすり合わせるのが本当の方法、正しい方法と言えるのか。便利なツール、心地よいものを、あえて使わないという選択はしにくい。

メディアの進歩は留まることなく、これからも続くだろう。かつては想像もできなかった、人間対人間、個人対個人の間の感情・愛情の在り様、そしてそのやりとりが生まれることは間違いない。

引用文献

壇俊光（2020）．Winny　天才プログラマー金子勇との7年半　インプレス

井上伸雄（2016）．情報通信技術はどのように発達してきたのか　ベレ出版

黒沼克史（1998）．援助交際　文藝春秋

松永真理（2001）．iモード事件　角川書店

Meggs, P. B.（1998）．*A History of Graphic Design*. John Wiley & Sons

モレッリ，G.（編），熊谷玲美（訳）（2020）．ビジュアルスタディ 世界を変えた発明発見　すばる舎

中野明（2017）．IT 全史――情報技術の 250 年を読む　祥伝社

中野独人（2004）．電車男　新潮社

NHK『平成ネット史（仮）』取材班（2021）．平成ネット史　永遠のベータ版　幻冬舎
ロスタン，E. 渡辺守章（訳）（2008）．シラノ・ド・ベルジュラック　光文社
鳥原学（2021）．教養としての写真全史　筑摩書房
渡辺真由子（2010）．子どもの秘密がなくなる日――プロフ中毒　ケータイ天国　主婦の友社
山野幸一（2016）．セックスメディア 30 年史　筑摩書房

第８章
社会心理学から恋愛を考える

本章では、社会心理学の立場から“恋愛”を知の対象として捉える意義を考えてみよう。社会心理学の一つの興味は人と人との関わりを捉えることである。その際、二者間の対人関係の相互作用を捉えることになる。この相互作用は二者が関わる際のさまざまな課題を対象とすることができる。その二者間を“親密”な関係と考えると“恋愛”となる。多くの場合は、異性間という前提が置かれることが多いが、現在では多様化していると考えられる。その点においても異性同性関わらず、友人と恋愛関係の違いを考えていく必要がある。

また恋愛にはさまざまなスタイルがあり、一概にその関係性の良し悪しの判断をすることは難しい。その捉え所のない“恋愛”を学術的に理解することで、皆さんの恋愛が少し楽になり、恋愛と距離をおいている人が前向きになれれば幸いである。事例を示した恋愛本は数多くあるが、本章では他のカップルとの比較によって自分の恋愛を捉えるのではなく、自分事として恋愛と真に向き合っていくために必要な知識を示していきたい。

第１節　恋愛と向き合う

国立社会保障・人口問題研究所（内閣府，2014）の「結婚・家族形成に関する意識調査」（サンプル数：2643 件、平均年齢：30.9 歳）によると恋人がいない未婚者は未婚者全体の約 63%（男性未婚者 69%、女性未婚者 57%）であった。恋人がいない未婚者のうち、「交際経験なし」が男性で 42%、女性で 36%、全体では 39% となっている。さらに、恋人のいない未婚者の約 38% が「あなたは今、恋人が欲しいですか」という問いに対して「いいえ」と回答している。その理由は「恋愛が面倒」が男性で47%、女性で45%、「自分の趣味に力を入れたい」が男性で47%、女性で43%、「仕事や勉強に力を入れたい」が男性で34%、女性で31%という結果となっている。この調査結果からも恋愛を回避しているといえるであろう。谷口（2013）は若者の恋愛に対する消極的な態度を３つに分類している。１つ目は、恋愛回避型で、恋愛に対する不安はないものの積極的に回避するタイプである。大きな特徴として、①恋愛を面倒くさいと感じる、②責任の回避、③恋愛のイメージが悪いことを挙げている。２つ目は、恋愛苦手型で恋愛をしたいと思っているが、恋愛に対して不安な気持ちが強いタイプである。特徴として、自分に自信がないことから恋愛に対しても自信がなく、傷つきたくないという気持ちが強い。３つ目は、恋愛あきらめ型で、恋愛をできない、したくもないと諦めているタイプである。恋愛をあきらめ、アニメやアイドルなどに熱中していること、高すぎる理想（特に外見的魅力へのこだわり）などが挙げられる。このような分類は恋愛を回避している人々を否定的にカテゴライズするためではなく、自分自身でその原因を振り返る上でも有効である。

現代の社会において、私たちは過去・現在・未来のいずれかで大多数の人が“恋愛”を経験していく。すでに経験している人も居れば、これから経験する人も居るであろう。さらにその恋愛が成就することもあれば、片想いや辛い経験をすることもある。それだけ恋愛を一概に捉えることは難しく、時には私たち自身を苦しめることにもなる。正直、面倒くさく、不安なことに溢れているといえるであろう。また、さまざまな情報が行き交う情報社会において、個人的な経験である恋愛についても情報が多く“なるほど”と感じることもある。ただし、あなたの恋愛に明確な答えを出してくれるものは少ないはずである。本来、その答えはあなたとパートナーが模索していく必要があるからであろう。

一つ有名な研究を紹介したい。米国ハーバード大学医学部が70年以上にも及ぶ長期の横断研究を行っている。「ハーバード成人発達研究」の“グラント研究（the Grant Study）”と“グリュック研究（the Glueck Study）と呼ばれ、ハーバード大学を卒業した268名とボストンの貧困地域に住む456名の２グループを対象に調査をしている。この研究では、血液検査、アンケート調査、インタビュー調査などを駆使して、健康、収入、家族構成、友人関係、幸福感など、考え得るさまざまなことを調査した。長期的な研究のため、多くの研究結果が公開されているが、アメリカの『the Atlantic』誌で、2009 年と 2013 年にその結果がまとめられている。その研究代表者のインタビューをもとに、一つの結論として「良い人間関係が幸福と健康を高める」ということを伝えている（Shenk, 2009, Stossel, 2013）。決して、多くの友人や恋人を持つことが良いとしているのでなく、重要なのは“質”であると報告されている。このことを考えると、良いパートナーと良い関係を維持していくことがどれほど重要なことかが分かる。「愛が全て！」と言いたくなる結果である。

この研究結果を踏まえると、私たちの人生を豊かにする一つの要因として、パートナーとの関わりが重要であり、現在ではその始まりは“恋愛”とも言えそうである。長期的に見れば恋愛を安易に回避することはリスクが高く、私たちがどのように人と関わり恋愛関係へと発展し、時には終わらせるのかを考えていく必要がありそうである。

第 2 節　見せる自分と他者からの理解

“恋愛”という言葉を聞くと、“ラブラブ”な関係を想像する人も多いであろう。しかし、その関係に触れる前に改めて理解しておきたいのは、幸せな関係性は、私たちの前に突然舞い降りてくるわけではないということである。自分自身から他者へアプローチすること、特定の他者を認知し、理解し、好意や興味を抱き、気持ちを伝える必要がある。そのためには他者に自分自身について伝え、さらに他者を理解しなければ恋愛そのものは成立しない。そのメカニズムを個人の働きかけ（自己呈示）と対人認知から紹介していく。

対人認知を説明する前に少し考えてみよう。これから説明をする対人認知は“私”が“他者”または“他者”が“私”をどう理解するかということである。それでは私たちは正しく自分自身を他者に伝えているのだろうか。心理学では自己開示（Self-disclosure）という自分自身の情報を他者へ伝える働きがある。恋愛初期には、自分自身のことを知ってもらいたいという気持ち、相手との共通項を持ちたいという気持ちからこの自己開示が活発になる傾向がある。

それでは自《じ》己《こ》呈《てい》示《じ》（Self-presentation）という言葉は聞いたことがあるだろか。自己開示は“ありのまま”の自己に関する情報を他者に伝えるのに対して、自己呈示は“好ましい”と自分自身が考えている情報を相手に伝え、望ましい印象を与えるために意図的に振る舞うことである。自己呈示には3つの機能がある（安藤、1994）。

1. 報酬の獲得と損失の回避　自己呈示を行うことによって広義の報酬を得ることができ、損失を防ぐことができる。他者に好意を持たれることで対人関係が良好、または広がるなど。
2. 自尊心の高揚と維持　他者による自己呈示の受容は、自尊心を高める。
3. アイデンティティ（自己）の確立　自己呈示は自己認知（自分では自分はこうだという認識）と他者認知（他者からの自分に対する認識）の不一致を解消し、自分というアイデンティティを確立させる。

合コンなどを想像してみると分かるかもしれない。初対面の他者に限られた時間で、できれば肯定的な印象をコントロールしたい場合などに自己呈示により印象操作をおこなっている。そのように考えると他者に注目してもらいたい、興味を持ってもらいたいという気持ちの表現と言える。自己呈示も自己開示も自分自身を他者に理解してもらうことと関わっているが、“好ましい”と“ありのまま”情報を伝えるのでは大きな違いがあるように感じるであろう。自己呈示は自己を偽るという意味ではなく、対象（好意を抱く他者）に状況に応じて肯定的な印象をもってもらうための好意の表れと考えると良いであろう。しかし、それが行き過ぎれば偽装しているように捉えられてしまうこともある。私たちが大切な他者に好かれたいと願っている以上、良い自分を見せ続けるであろう。反面、嫌われないため頑張りすぎて自分自身が息苦しくなることもある。パートナーが良くない自分さえも受け入れてくれると信じることも必要になる。そのため、自己呈示は対人関係の初期段階で活発化し、好意のある他者への積極的なプローチと考えることができる。

先に述べた自己開示は“ありのまま”の自己に関する情報を他者に伝えると述べた。そのため、印象を操作する自己呈示とは区別されるが、実際にはありのままを決定することは難しく、両者の違いを厳密に区分することは難しい。自己呈示も自己開示も他者に自分を理解してもらいたいと願う気持ちの表れである。私たちが共通して理解しているのは、相互に正しく分かり合うことによって、関係が良好になるということであろう。そのため、私たちは自分のことを理解してもらうことを求め、相手のことを理解したいと願うのである。そのためには適切な方法で自分について他者に伝え、また同時に他者の同様の行為に対して受容していくことが重要といえる。

すでに親密化の進んだ友人や恋人に関する自己呈示の研究は少ない。その理由として、すでにお互いを知っており、継続的な関係にある友人や恋人に対してイメージを操作する必要性が低いためである。私たちは良いところも悪いところも併せ持っているものである。しかし、対人関係を築き出した初期段階は興味・好意を持ってもらうために良い面を積極的に見せていることが多く、自己呈示による印象操作の動機づけも高くなる。そのような一側面で関わっていくことは無理をすることにもなり、自身が欠点と感じていることを徐々に開示していく。

最後に、良い関係であろうとパートナーを完全に理解することは困難であり、それを追求し過ぎることは必ずしも関係満足度を高めることには繋がらない。自分自身についても完璧な理解は難しいにも関わらず、たとえパートナーだからといって100％の理解を求めることは正解のないものを求め続けることになりそうである。私たちがお互いを正しく理解しているかよりも、相手が正しく自分を理解してくれていると感じるか、またはその逆で自分が正しく相手を理解できていると感じるかが重要といえる。

第3節　対人認知とは何か

対人認知（Interpersonal Recognition）とは、人が他者の性格や能力などの内面的特性をどのように捉えるかを説明することができる、ある特定の対象（人）はどのような人なのかという私たちの認知機能を示した概念である。日々の生活の中でもある特定の他者に対して、「あの人は、○○な人だ」と“あなた”の理解できる範囲内で他者の特徴を伝えることがあるのではないだろうか。心理学の中ではこの認知という言葉がよく使われるが、外界の情報・状況を脳に伝え、理解をする働きを指している。そのため、対人認知は、認知の対象である“人”に対して、さまざまな情報を参考にしながらその“人”の性格特性・思考などを理解することになる。

たとえば、“ある人”がとった行動、他の人からの噂話、自分への対応など、バラバラの情報・知識を繋ぎ合わせ“ある人”の人間像を形成している。この人の認知機能は他者が自分に対して害のある対象か否かを瞬時に判断する上でも重要になり、私たちが「あの人は、良い人・悪い人」と評価判断をする傾向があることからも分かる。ただし、断片的な情報を繋ぎ合わせた人間像は必ずしも正しくその人物を表現しているとは限らない。少し考えてみてほしい。私たちの想像力はとても豊かで一つの発言や行動からその人の性格特性を作り上げてしまうこともある。“ある言葉”を発したから、“ある特定のこと”をしたからこの人はこう考えている、またはこの人はこのような人だと判断することもある。時には、こうあって欲しいという願望も影響している。

分かりやすいので、アイドルを例に考えてみよう。アイドルと個人的な関わりを持つことは難しく、メディアによる一見多様にはみえるがあくまでも限定された情報を通して、ファンが人間像を作り上げる。もちろんその過程においては、プロダクションがキャラクターを想定して出演番組や情報を管理しており、その結果としてアイドルの人間像が形成される。この際に重要なのは、ファンが見ることができるアイドルの側面以外に別の側面もあると理解すべきことである。これは決してアイドルだけに限ったことではなく、誰しもが見せる自分を切り替えている。

このようなことから私たちが他者を理解する際には、“ある”一側面を捉え、判断していると肝に銘じておく必要がある。時には、実在する人物とは全く違った人間像さえ作り上げてしまうことになる。そのような場合、私たちはどのような判断をするだろうか。期待を裏切られた、あんな人だとは思っていなかった、などとがっかりすることになるであろう。

1. 対人認知の形成プロセス

これまで説明してきた対人認知がどのように形成されるのかをシュナイダー

ら（Schneider et al., 1979）は「対人認知のプロセス」として整理している。認知者が他者について“どのような人か”というイメージを形成する過程を説明している理論である。この対人認知のプロセスは段階説となっており、前の段階の情報が次の段階の情報としてインプットされ、その情報を処理しアウトプットされたものが次の段階へ情報としてインプットされるという考え方が前提となっている。それではシュナイダーら（1979）の提唱する6つの対人認知のプロセスを解説する。

①注　意

認知は対象の存在に気づく段階である。対象に対して注意を与えるところから始まる。その対象を認識し、“気づき”が生じる。私たちは日々面識もない多くの人たちに対して注意も与えずにすれ違っている。それは数十人というレベルではなく通学・通学だけ考えても何百人もの人たちとすれ違っている。しかし、実際にその人たちに注意を与えることは確率的に低く、注意を与えたとしても記憶にも残らないはずである。特定の人が特徴的で目を引くような他者である、目を引くような行動を取ったことによって、私たちが注意を与える必要があるかを瞬時のうちに判断する。そしてこの“気づき”が次の段階のインプットされる情報となる。

②速写判断

注意の段階でアウトプットされた情報から、速写判断ではその対象はどのようなタイプの人か、害を与える人なのか、などの判断をする。この段階でも対象と“関係”を築いている段階ではないため、内的な状態を確認することはできない。あくまでも外見的情報をもとに判断している。「スーツを着ている人だから、安心できる人である。」とほぼ無意識に個々が持つカテゴリに当てはめる。その“カテゴリ化された判断”が次の段階へインプットされる。

③原因帰属

前の速写判断からアウトプットされた情報をもとに行動の理由を推測していく段階である。対象がある行動を起こした時に、「この人がこのような行動を取るのは、性格特性による、または外的な理由によるためだ。」と行動の原因はどこにあるかを判断する。この時、その行動は対象が意図したものであると認識されると性格特性によるものだと判断される。その“行動の原因”が次の段階のインプットされる情報となる。

④特性推論

原因帰属から受けた“行動の原因（外的・内的）”の判断から対象の性格特性を判断する段階である。行動から特性を認識し、その他の特性も保持しているだろうと推測する。その“複数の特性”が次の段階へインプットされる。

⑤印象形成

印象形成の段階では、特定の特性を持ち合わせているその対象に対して総合的な判断が行われ、好ましい人なのか、そうではないのかという印象が形成される。特に初期の“印象”についての重要性はよく聞くことがあるであろう。このように人に対しての人間像を作り、その“形成されたイメージ”が最後の段階のインプット情報となる。

⑥将来の行動の予測

印象形成により受け取った“イメージ”から、将来その対象はこのようなことをするであろうという予測をする。特定の状況下で取るであろう行動を予測する段階である。

対人認知のプロセスは古典的な理論ではあるが、初対面の他者を総合的に認知するまでの段階を6つに整理し、“どのような人”かを理解する過程を説明するうえで有効である。しかし、実際には対人認知過程の各段階を細かく分類し、研究がなされている。また、私たちは第一印象を意識することが多い。それは、自身で意識しやすいためとも言える。また、一度“良い人・悪い人”と認識されるとその印象が維持されることも理解しているであろう。しかし、実際には印象形成までに対人認知過程の第1、2段階のように相互作用のない時点での情報も影響していることを理解しておく必要がある。

2. 対人認知に関する具体的な理論

①初頭効果（第一印象）の重要性

これまで説明してきた対人認知からも、私たちは第一印象を重要視していることに疑いはないだろう。初対面という状況は人を緊張状態にし、自分の言動に注意を払っている。その理由は他者が抱く印象・評価を意識しているからこそといえる。その印象を操作する意味でも、先の自己呈示は重要な役割を担っている。初めの情報が重要視される効果を**初頭効果（Initial Effect）**という。まさに初頭効果は印象形成の要ともいえ、抽象的な印象を形成するのに有効である。

アッシュ（Ash, S. E., 1946）は、一連の研究の中で提示する性格特性の順番によって人に与える印象が変化することを示した。実際に行われた実験では、以下のように2名の紹介をした。Aさんについては「活発、好奇心旺盛、コミュニケーション能力が高い、利己的、執念深い人である」、一方のBさんについては「執念深い、利己的、コミュニケーション能力が高い、好奇心旺盛、活発な人である」と特徴を挙げる順番を逆転させた。その結果、Aさんの方に対して好意を持つことがわかった。Aさんは最初に提示した情報が肯定的であり、後半に提示される否定的な情報によって上書きされなかった。初めの情報によって肯定的な印象が形成されると、その後に悪い情報が示されたとしても全体的に好印象になるということである。この結果は第一印象の影響を示すのと同時にその印象を後から変えることの難しさも示しているといえる。

②暗黙裡の性格観

私たちは、他者の性格を漠然と捉えてる。そのため、特定の人（特に親密な他者）を一言で表現することは難しくなる。このような人の性格を捉える際の漠然とした考えや信念の体系を暗黙裡の性格観（implicit Personality Theory）（ブルーナーら；Bruner, J. S. & Tagiuri, R., 1954, クロンバック；Cronback, L. J., 1955）という。暗黙裡の性格観とは、普通の人々が性格の構造に対して持っている漠然とした考えを理論化したものである。

暗黙裡の性格理論は、血液型、容姿・容貌、性別、人種などに加え、性格特性についての俗信的な考えやステレオタイプなどが含まれている。さらにはある性格特性を持つ人は、別の性格特性を併せ持っているといった考え方や信念の体系を説明している。たとえば、「ぽっちゃりしている人はおっとりしている」や、「痩せ型の人は神経質である」などである。この理論では、私たちは、自分なりの認知カテゴリである暗黙裡の性格観に基づいて、他者の性格を理解している。

③他者の内的な特徴を推測

私たちは、自分自身と関わる他者がどのような人なのかを理解したいと願っている。しかし、現実的に考えると他者の性格・好み・主張などの内的特性を直接見ることはできない。恋愛においてもパートナーの好意を視覚的に捉えることができないため、好意に確証を得ることができず不安を感じることがある。そのため、私たちはある行動・ある発言からどのような性格なのか、何が好きなのか、意見等を推測している。

どのように私たちが人の行動から合理的にその人の内的特性を理解するのかを説明する理論としてジョーンズとデイヴィス（Jones, E. E., & Davis, K, E., 1965）の対応推理理論（Theory of Correspondent Inferences）を紹介する。ジョーンズとデイヴィスは、人が選択した行動と選択しなかった行動における非共通効果に注目している。ある人が実際に行ったことと、それ以外の行動を比較し、その行動“のみ”がもたらす結果は何かを推論すると主張している。たとえば、行動A（困っている人を助ける）と行動B（困っている人を助けない）を比較し、行動Aを選択するということはその人は内的特性として“やさしさ・おもいやり”を持っていると推論する。このように選択した行動の非共通効果から行動の原因を推測することで内的特性を捉えるという考え方である。

第4節　身の周りの様々な対人関係

恋愛を考える際、学生によく問いかける質問がある。それは「友人は恋愛対象になり得るか？」という問いである。学生はこの問いに対して、いろいろな意見を提供してくれる。たとえば、友人は友人であり、恋愛対象として考えられない。これまでの関係を壊したくないという否定的な意見がある。逆に、自分のこと・相手のことをよく理解している。気を遣わないで済むと言った肯定的な意見もある。この問いは正誤を問うものではない。私たちが自覚しなければいけないことは、“恋愛をするためだけ”に人間関係を築くことは難しいということである。

私たちが求める“理想”のパートナーとはどのような人であろうか。優しさ、あなたのことを理解してくれる・認めてくれる・愛してくれる、などを思い描くであろう。しかし、そのような関係はあなたがパートナーと築き上げるべきものであり、急に目の前に現れることは確率としてはかなり低い。そのような理想の相手が現れることを願い続けるよりも、相手との関係性を広げることも可能であるということを理解していただきたい。先の対人認知で触れたように、私たちは日々多くの人とすれ違っている。その中で“知り合う”こと自体がとても貴重な出来事であると考えられるのではないだろうか。この節では、私たちの対人関係を理解しどのように考えることができるのかを解説していく。

1. 親しさと自由度からの分類

日々、私たちは親、きょうだい、夫婦、先生、上司・同僚、友人、恋人など、さまざまな人と関わりを持っている。その関係性の違う対人関係を松井ら(2010)が整理しているので、紹介していきたい。

松井ら(2010)は、“関係性による対人関係”を任意性と親密性の度合いから整理している。先に述べたようなさまざまな対人関係を図8-1のように横軸の“所与性—任意性”と縦軸の“親密性—疎遠性”の中に配置している。対人関係を親密性と任意性の2軸により整理することにより、関わり方による差異を説明することができる。

“所与性—任意性”の軸は、その関係がどの程度自由意志の上で選ばれているかということである。所与性は与えられた関係であるということになる。親・きょうだい・親戚などは本人の意思に関係なく存在し、また他の人と切り替えることは難しい関係である。一方、任意性は自分の意思により選択可能であることを意味している。友人や恋人は任意性が高く、“お互い”に相手との関係を継続するのも、距離をおくのも本人の自由な意思による。

親密性—疎遠性の軸は、関わりをもつ他者との距離感を示している。特に実

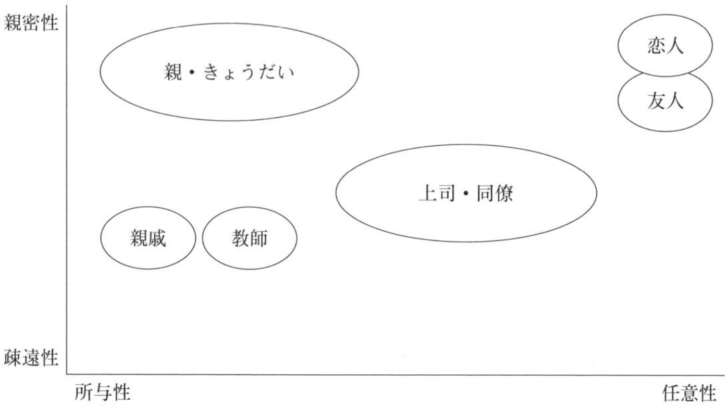

図 8-1　関係性による対人関係の分類　松井（2010）を参考に作成。

家を離れるまでは、親・きょうだいとは同じ家に住んでいることが多く物理的にも距離感が近く、頻繁に接触する対象であろう。また、友人や恋人もいつも繋がっていたいと思う対象であり、親密性の高い関係と言える。一方、親戚は親・きょうだいと同じように所与性が高い存在であっても同居しているわけではないので疎遠性が高くなる。

2. 任意性の高い関係

これらの説明から本書で扱う“恋愛”関係は任意性が高く、親密性が高い関係であることが分かる。さらに理解を深めるために、ここでは任意性と所与性を中心にその違いを解説していく。松井ら（2010）は所与性と任意性による関係性を以下のように説明している。所与性の高い関係性においては、年齢や地位による上下関係が成立している。その関係性は、親子関係の基本構造や対人的行動の図式において“統制—放任”と“支配—服従”の軸で示される関係にある。この関係には親子関係や上司と部下の関係等が該当し、同一の文化内で共通した行動が取られやすいとされる。一方の任意性の高い対人関係は、平等な関係であり、親子関係の基本構造や対人的行動の図式では“受容（親和）—拒否”の軸で表されている。そのため、関係の自由度が高く、関わる・離脱することが可能であると説明している。

対人関係軸	心理学研究の領域
統制―服従	親のしつけ、教師の指導、組織内のリーダーシップ
受容―拒否	対人魅力、社会的孤立、差別と偏見

図 8–2　対人関係と研究アプローチ　松井（2010）を参考に作成。

さらに松井ら（2010）はこの所与性と任意性による関係性によって研究テーマも大きく異なることを示している。その分類を図 8–2 に示す。“統制―服従(所与性)”の場合、該当する研究テーマは親のしつけ、教師の指導、組織内のリーダーシップなどが挙げられている。それに対し、“受容―拒否（任意性)”では、対人魅力、社会的孤立、差別と偏見などとなっている。この研究領域を見ると先の所与性は、ある程度文化内での望ましい行動が規定されやすいのに対して、任意性の研究領域では特に対人魅力、社会的孤立、差別と偏見のように行動規定が難しい分野となっている。

恋愛の対象となる恋人は、任意性が高く自分の自由意志で関係を維持している。そのため、所与性の高い相手とは違った関わり方が必要である。先に説明した所与性が高い関係においては、“あなた”が関係を維持したい・関係から離脱したいと思うことができないのと同じように“相手”もその自由度がない関係になる。いくら相手を嫌ったとしても親、子ども、上司、部下という関係上、その関係を継続していく必要がある。しかし、恋人はどうであろう。どんなに相手があなたを愛していても、あなたがその関係を拒めば関係は成立しない。また、一時的にカップルが成立したとしても恋人関係を維持したくないと思えば別れること（関係からの離脱）もある。

任意性の高い関係は、所与性よりも気を使うことが多い。その関係を維持するために相手を受容し、否定的な反応を示す際は注意が必要になる。実際に相手の気持ちは変わらないだろう・私から離れないだろうという考えから相手への配慮がなくなってしまうこともある。

3. 親しくなる過程

ここでは、二者関係における親密化について考えてみたい。恋愛の中でも心が躍るテーマなのではないだろうか。二者関係とは自分自身とそれ以外の他者との関係を指し、その他者が同性・異性に関わらず恋愛感情を含んだ親密な関係の場合に“恋愛”となる。これまでの恋愛に関する研究では、恋愛は“(異性との）二者関係における親密化”であると説明することができる。近年、LGBTQ等のジェンダーレス化が進んでいることから“異性”とは限らないことに留意する必要があるが、恋愛に関する理論は説明範囲を限定するために“異性間”の関係を前提としてきた経緯がある。

この**親密化**は社会心理学では親密化理論として研究がなされてきた。ここでは代表的な親密化過程の理論と合わせて友人との違いを説明していく。

親密化過程から他者との関わり方を理解

レビンジャーとスヌーク（Levinger & Snoek, 1972）は二者間の進展を「対人関係の親密さのレベル」の“レベル0 相互未知段階”から“レベル3 相互接触段階”の4段階に整理している（図8-3参照)。

レベル0 相互未知段階　お互いに存在すら認識していない段階。

レベル1 一方的気づき段階　相手に一方的に気づいているが、相互関係のない段階。この段階で相手に対する印象形成が生じる。

レベル2 表面的接触段階　表面的な接触（挨拶など）による相互作用が起こるが、関心は高くない段階。ただし、コニュニケーションを介して関心の度合いが高まると次のレベルへと繋がる。

レベル3 相互接触段階　お互いの情報開示（自己開示)、共有が行われる段階。レベル3は“浅い関わり”“中程度の関わり”“深い関わり”の3つに別れており、価値観の類似や一致により親密な関係へと進展していく。

図8-3では自分と他者の心理的な距離を円によって視覚的に示している。親密度が低い場合は距離が離れ、親密度が高ければ円が重なり合っていくことで表現されている。この関係性の表現はとても分かりやすいのではないだろうか。

また、お互いが「レベル3相互接触段階」の“浅い関わり”から“深い関わり”の間で、適切な距離感を調整しながら居心地の良い関係を築いていくこ

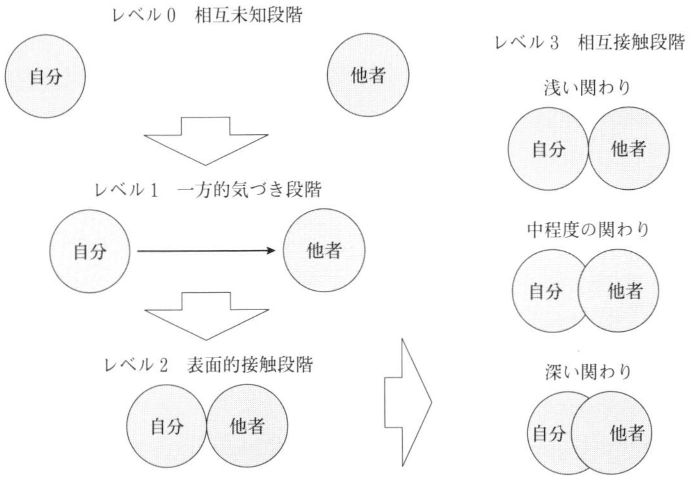

図8-3　対人関係の親密さのレベル　松井（2010）を参考に作成。

とになる。そのため、一方的に相手の懐に入り込もうとすると相手は離れてしまうこともあり、またその逆も起こり得る。このように関係性を視覚的に捉えることで、私たちのパートナーとの関わり方を冷静に見つめ直すことができそうである。理解いただけるだろうが、重要なのはあなたが求める距離とパートナーが適切だと思う距離は必ずしも一致しないこともあることである。距離感の一致があなたへの愛の証ではないことに心を留めておくべきであろう。

社会的交換理論から考える恋愛

社会心理学における親密度に関する研究は、主に社会的交換理論（Social Exchange Theory）から論じられ、親密な対人関係を「資源の交換の場」として捉えることが多い。社会的交換理論（ホマンズ；Homans, 1961，ブラウ；Blau, 1964など）は社会学者によって提唱された理論である。対人関係の相互作用を資源の交換として捉え、人々が報酬を最大にしてコストを最小とするように動機づけられるとしている。

社会的交換理論の考え方は、多くの報酬を得られる関係は長続きし、逆にそうでない関係は崩壊するというものである。この理論から与える・与えられるのみの関係を続けることの難しさを理解してもらえるであろう。しかし、理論によって報酬の捉え方が違うため、ここでは恋愛に関わる3つの社会的交換理論を紹介したい。

①相互依存性理論 ティボーとケリー（Thibaut & Kelly, 1959）は人々が関係に対して持つ依存性（自分の幸せがその関係に影響されている度合い）が、その関係から得られる成果量と他の関係から得られる成果量から説明できるとしている。成果（＝報酬－コスト）は報酬の高さとコストの低さから決まる。満足感（＝成果－比較水準）は比較水準（その関係から得られるであろう期待される成果）よりも成果が高いことによって決まる。そして、関係への依存性（＝満足感－選択比較水準）はその関係から得られる満足感が他の関係から得られる満足感より高いことで決まる。

このモデルでは、単純に報酬とコストの関係だけでなく比較水準や選択比較水準を低くすることが重要であることを説明している。補足になるが、パートナーのやさしさも、時が経つにつれそのやさしさが当たり前となることがある。その期待の最低ラインを比較水準と呼ぶ。選択比較水準は、他の魅力的な異性との関係から得られる満足感と考えられる。

②対人的相互作用の因果分析モデル ケリーら（Kelley et. al., 1983）は、より動的な相互依存性を検討するために対人的相互作用を時系列の影響から理解しようとした。因果分析モデルでは、関係の中で起こりうる事象の連鎖の結合によって相互作用が成立する。パートナーの行動により生起する感情や行動などを事象としている。ケリーらは二者間の事象の結合パターンを影響頻度・強度・多様性・期間の4つの特性から捉えている。①2人が与え合っている影響の頻度（会う頻度、一緒にいる時間、会話量など）、②2人が与え合っている影響の強さ（お互いの行動によってどれほど影響を与えるのか、お互いに依存しているかなど）、③2人が与え合っている影響の多様さ（2人が行った場所、会話の内容、経験する感情の多様性など）、④お互いが影響を与え合ってきた期間（一緒に過ごしてきたか）、の4つの特性から結合パターンを考察し、親密な関係を「お互いに強く、頻繁に、多様な影響を及ぼし合う、ある程度の期間を経た相互依存

的な関係」と定義している。

このモデルでは、単純に長い間一緒に居ても親密度は高まらず、一緒に色々なことを経験し、影響を与え合うことで親密度が高まると考える。

③自己拡張理論　アロンとアロン（Aron, A., & Aron, E, N., 1986）は、親密な関係を求める、また強い愛情を持つ理由を関係を通して自己拡張（Self-expansion；社会に関わる社会的アイデンティティ、知識、役割などの資源を自分に取り込むこと）を目指しているためとしている。たとえば、新しい友人と関わることで新しい知識に触れることができる。また、パートナーを得ることにより自信を持つこともある。このように他者と親密になることによって、重要な資源を手に入れることにもなると考える。そのため、お互いの資源を共有し、お互いに自己拡張し合うことで共有する資源が増えるとしている。その結果、一体感が高まり自身と他者の特性を混同しやすくなり、「私たち」と表現する様になることがわかっている。

このモデルでは、親密な関係を築こうとする動機づけは自己拡張のためであると考える。親密な関係にある人々はパートナーの資源を自分に含めることで対人関係を広げ、新たな知見に触れることができる。そのため、お互いが欠かすことのできない存在と意識していく。

ここで紹介した社会的交換理論は、お互いに報酬となるものを最大化し、コストを最小化することで対人関係を説明している。3 つの理論からも分かるように報酬の捉え方はさまざまであるが、これらを整理することにより関係への動機づけ、維持、関係の離脱を説明している。親密な関係は人にポジティブな影響を与える。その関係を維持するためには関係外からの影響に怯えるだけでなく、関係そのものに気を配る必要がありそうである。

第 5 節　恋愛に関わる理論

1. スタンバーグの恋愛理論

一口に恋愛と言ってもそのスタイルは千差万別である。そのため恋愛に関する理論も焦点の当て方によりさまざまなものがあるが、ここでは愛の要素を視覚的に捉えることを目的としたスタンバーグ（Sternberg, R. J., 1986）の「愛の三角理論」を紹介したい。愛の三角理論は、恋愛がどのような感情や気持ちから成り立っているかに焦点を当てた理論である。スタンバーグは愛を構成する要素を親密性、情熱、コミットメント（関係への関わりの程度や関与を意味し、関係を維持させていくためには欠かせない要素）の3つであることを主張した（図8-4）。この愛の3要素は他の研究においても愛の主要な要素であるとみなされている。

愛の三角理論の名称に由来するように愛の3要素が三角形を形成し、その形状から愛の形を視覚的に表している。図8-4に示したように友愛は親密度のみが高い関係で友人に対する愛などを示す、情熱的な愛は情熱が高まった関係であり片想いのような愛として、大きな愛は3要素全てがバランスよく高い関係であり安定ある愛ということが視覚的に捉えやすい。

これまでの研究から親密度が高いと自己をポジティブに評価しやすく（金政ら、2003）、コミットメントが高いと関係満足度が高くなり（アッカーとデイビス；Acker, & Davis, 1992）、親密度とコミットメントは関係継続期間が長くなると上昇するが情熱は期間による影響が認められない（金政ら、2003）、などが明らかになっている。これらの研究結果から恋愛関係を維持させる重要な要素は、情熱ではなく、穏やかで安定した親密性及びコミットメントであると、松井ら（2010）は結論づけている。

2. 恋愛進展のプロセス

恋愛は性行動が関わってくるため、他の対人関係とは異なった過程がある。松井（2006）は、大学生を対象とした調査から青年の恋愛行動を5段階で説明している。図8-5に示す通り、多くの人が経験する第1段階から少数しか経験しない第5段階で整理している。第1段階は友愛的会話や内面の開示が行われる。第2段階では、一緒の行動としてデートなどが増える。第3段階では、キスや抱き合うという性行動が見られる。第4段階では、恋人として他者への紹介や性交などが行われる。第5段階は、結婚に関わる段階となっている。

松井による恋愛行動の進展段階から、関係性の浅い第1段階の友人などでも

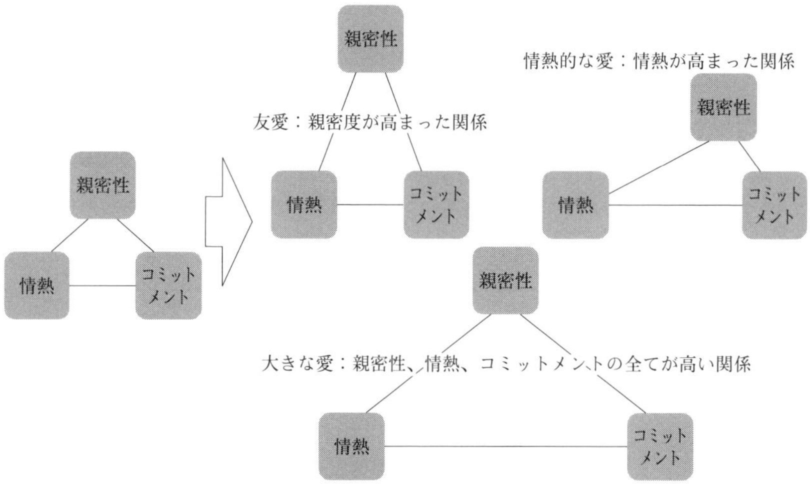

図8-4　愛をかたちづくる３つの要素と愛の形　Sternberg（1986）を参考に作成。

見られる行動から、より深い第５段階の恋人でなくては行わない行動へと進展していることが分かる。

3. マズローによる恋愛感情の分類

これまで恋愛（愛情）に関する研究はさまざまな分野で行われてきた。心理学の分野では、マズロー（Maslow, A. H., 1962）による分類が先駆的であろう。マズローは愛情を２分類している。一つ目は、欠乏の愛（D-Love）と名付けられ、愛そのものへの欠乏や枯渇からくる愛とされている。二つ目の成長の愛（B-Love）は、自らを愛する他者に捧げることのできる者へ開かれる愛としている。実際、恋愛関係ではパートナーから愛（またはそれを象徴するもの）を与えられることに喜びを感じるであろう。そして、どれだけ愛されているかが重要だと感じやすい。しかし、一方で相手をどれだけ愛することができたか、相手のためにしてあげられたかが自分自身を成長させてくれる。愛されるよりも愛する方が高位であると言え、それだけ難しいのではないだろうか。

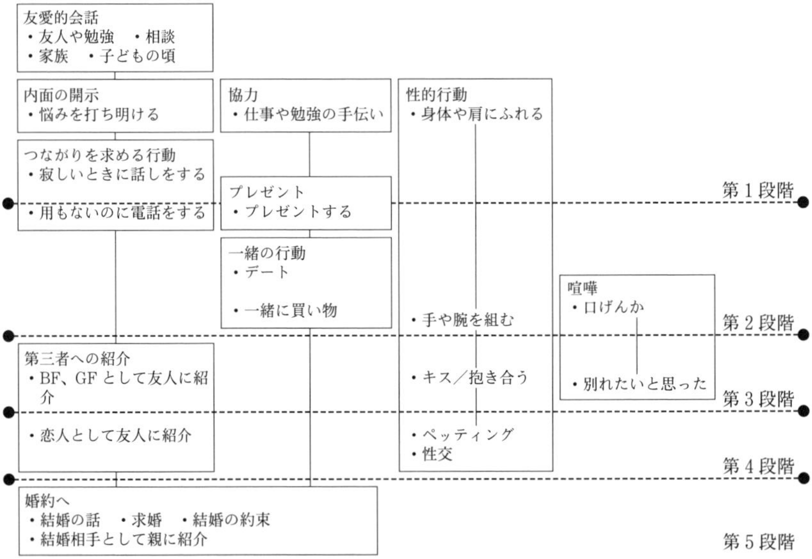

図 8-5　恋愛行動の進展段階　松井（2010）を参考に作成。

4. 恋愛と好意の違い

恋愛を難しくする要因の一つに“好意”があるのではないだろうか。好意がなければ恋愛関係には発展しないが、友人は好き（好意を持っている）だが恋愛関係に至らないケースは多くある。ルビン（Rubin, Z., 1970）は、恋愛と好意を異なるものとして捉えた。また、恋愛と好意を以下のように整理している。恋愛感情とは、①相手と心理的・身体的に繋がっていたいという気持ち（親和・依存欲求）、②相手のために何かしてあげたいという気持ち（援助傾向）、③相手を独占し、二人きりの排他的な状態を望む気持ち（排他的感情）、が混在する感情であるとしている。それに対して好意は、相手のことを高く評価する、また、相手を信頼し、尊敬する気持ちであるとしている。

さらにルビンは、恋愛尺度と好意尺度を作成している。表 8-1 に藤原ら（1983）が翻訳した「日本語版 Love-Liking 尺度」を示す。ルビン（Rubin, Z., 1970）は恋人と同性友人に対して調査を行った結果、恋人の場合は恋愛尺度、好意尺度ともに高かいのに対して、同性の友人では恋愛尺度の得点が低いこと

表 8-1　日本語版 Love-Liking 尺度（恋愛尺度・好意尺度）

	好意尺度		恋愛尺度
1	○○さんと一緒だと、いつも息がぴったり合う	1	もし○○さんが元気がなさそうだったら、私は何をおいても励ましてあげる
2	○○さんはとても適応力のある人だと思う	2	私は○○さんに対してならなんでも打ち明けられると思う
3	○○さんなら責任のある仕事に強く推薦できる	3	○○さんに欠点があっても、それを気にしないでいられる
4	○○さんはとてもよくできた人だと思う	4	○○さんのためならなんでもしてあげられるつもりだ
5	○○さんの判断の良さには全幅の信頼を置いている	5	○○さんを独り占めしたいと思う
6	○○さんと知り合いになれば、すぐに○○さんを好きになると思う	6	もしも、○○さんと会えなくなったらひどくみじめな気持ちになるだろう
7	○○さんと私はお互いによく似ていると思う	7	さびしくなると、私は、すぐに○○さんに会いたくなる
8	クラスやグループで選挙があれば私は○○さんに投票するつもりだ	8	私にとってもっとも大事なのは、○○さんの幸せである
9	○○さんはみんなから尊敬されるような人物だと思う	9	○○さんのすることならどんなことでも許せる
10	○○さんはとても知的な人だと思う	10	私は○○さんを幸せにしてあげたい
11	○○さんは私の知り合いの中でももっとも好ましい人物だと思う	11	○○さんと一緒にいる時は、相手を見つめていることが多い
12	○○さんのような人物になりたいと思う	12	○○さんから打ち明け話をされたら、うれしくて仕方ないだろう
13	○○さんは賞賛の的になりやすい人物だと思う	13	○○さんなしに毎日を過ごすことを考えると、つらくてたまらない

出典　Rubin, Z.（1970).（日本語版：藤原・黒川・秋月，1983）

から恋愛感情と好意は違うことを主張し、弁別性があることを説いている。

両尺度を比較すると、全体的にポジティブな項目が多い好意尺度に対して、恋愛尺度は複雑な感情を測定していることが分かる。たとえば、「○○さんを独り占めしたいと思う」「もしも、○○さんと会えなくなったら、ひどくみじめな気持ちになるだろう」「○○さんなしに毎日を過ごすことを考えると、つらくてたまらない」などである。好意尺度とは異なり、恋愛尺度は恋愛時に生じるさみしさ、不安等の気持ちがあることが分かる。相手を好きになればなるだけ、もっと一緒にいたい、もっと何かしてあげたい、もっと愛され（し）たいと求めてしまう、愛しているからこその苦悩が生じる。

立脇（2007）は異性との交際中に体験する感情が、片想いの相手、異性の友人と違うかを検討した。その結果、恋人に対しての情熱（好き、どきどき感など）や尊敬・信頼感情などのポジティブな感情だけでなく、ネガティブな感情が生起していることを明らかにしている。ネガティブな感情としてうっとうしいや面倒といった攻撃・拒否感情が確認された。片想いの場合は、情熱が高いと同時に親和不満感情が生起していたが、異性の友人の場合には攻撃・拒否感情も親和不満感情も抱きづらかった。このように恋愛関係が親密になるにつれてポジティブな感情と合わせてネガティブな感情を抱きやすい。

第6節 まとめ 親密度の高い関係性の留意点

1. コミュニケーションの変化

これまで恋愛関係は親密度の高い関係性であることを説明してきた。親密度が高いからこそ留意しておきたいポイントがある。まず、親密化過程において重要なのはコミュニケーションである。相手に対して好意・愛情を伝える際には、発話量、相手に向ける視線、身体接触も増える。しかし、大坊（1990）は親密になるまでの過程では好意を示す行動が活発であるが、高度に親密度が高い関係になると親密になるためのコミュニケーションが不要となり、メタ・コミュニケーション（Meta-communication；お互いに察すること）により理解が得られると報告している。このことからも分かるようにコミュニケーションは関係性によって量的にも質的にも変化する。そのため、パートナーからの愛情表現が付き合いだした当初と比較して少なくなり、愛情を感じられなくなるといった不安も生じやすい。その背景にはパートナーと十分な親密関係にあることから、理解してくれていると感じることがある。たとえば、長期間にわたり同じ場所に住み生活を共にする夫婦関係の場合、愛情に関してはお互いに察するメタ・コミュニケーションに依存し、より多くの課題（キャリア、子育て、家計など）に関する話題について話し合うことが可能となる。

しかし、“言わなくても分かってくれているだろう”を仮定することは時にはコミュニケーション不足による不満や不信に繋がってしまう。これは恋愛関係でも見受けられるであろう。したがってコミュニケーション不足にならないように十分留意し、意識して言語化する必要もあるだろう。

2. ネットワークを繋げるメリットとデメリット

私たちは恋人・友人・知人と呼ぶさまざまな人々と関わりを持っている。薄い関係から本章で触れてきた親密度の高い関係まで、あなたを中心としたネットワークを構築している。また、人と人の結びつきを紐帯（Tie）と呼んでいる。あなたの友人のネットワークは、あなたを含めた友人同士が強い紐帯で繋がっている。逆にさほど親しくない他者との関わり（弱い紐帯と呼ぶ）もあるであろう。あなたの持つネットワークと他者の持つネットワークの繋がりの度合いを指す言葉として境界密度（Boundary Density）という言葉がある。

恋愛関係において、親密度が高くなるとパートナーの保持するネットワーク（資源）と自分のネットワークを共有したくなったことはないだろうか。言い換えるとあなたの友人とパートナーの友人同士を紹介し、一緒に活動を行うということである。社会的交換理論で紹介した自己拡張理論でも述べたように親密度が高まることで資源を共有するようになる。それによりさらに人脈が広がり、人間関係が多様化するというメリットがある。また、昔から個々の関わりの密度が高い方がコミュニティーとして機能することから幸福であると議論されている。しかし、実はネットワークとネットワークを繋げ、境界密度を高めることはメリットばかりではない。

たとえば、小さな村と都市部を比較してみよう。小さな村では住人の多くはお互いを知っており、あなたの親は友人の親と友人であったり、友人同士が同僚や恋人同士であることも起こる。このような境界密度の高い状況では、多少窮屈に感じるのではないだろうか。恋愛関係で考えてみると、あなたの友人関係とパートナーの友人関係を繋ぐことはより多くの活動を共有することができ、メリットを感じるであろう。しかし、先記のように恋愛は良いことばかりではない。ハーシュ（Hirsch, B. J., 1980）の研究では、家族のネットワークと友人関係のネットワークの境界密度が低い方が、周囲からのソーシャル・サポートに満足し、精神的に健康であったとしている。たとえ、お互いに愛情があったとしても時にはパートナーに対する不満も生じる。そのような場合、お互いのネットワークの境界密度が高いと友人に不満を話し、鬱憤を晴しにくくなる。そのような境界密度が高い人間関係に疲れてしまうこともあるだろう。

お互いが自立し、お互いのネットワークを尊重することも重要である。たとえば、趣味のネットワークを閉鎖的にしておくことで、自分の世界を維持することができる。その余裕がパートナーとの良好な関係を維持することにもなるのではないだろうか。そのためには、パートナーに不信感を抱かせないよう適切なコミュニケーションをとることに留意する必要もありそうである。

引用文献

Acker, M., & Davis, K. E. (1992). Intimacy, Passion and Commitment in Adult Romantic Relationships: A Test of the Triangular Theory of Love. *Journal of Social and Personal Relationships*, *9*, 21–50.

Aron, A., & Aron, E, N. (1986). *Love as Expansion of Self: Understanding Attraction and Satisfaction*. New York: Hemisphere.

Asch, S. E. (1946). Forming Impressions of Personality. *Journal of Abnormal and Social Psychology*, *41*, 258–290.

安藤清志 (1994). 見せる自分／見せない自分――自己呈示の社会心理学 サイエンス社

Blau, P. M. (1964). *Exchange and Power in Social Life*. New York: Wiley.

Bruner, J. S., & Tagiuri, R. (1954). The perception of people. In G. Lindzey (Ed.), *Handbook of Social Psychology*, Vol.2. Cambridge, Mass.: Addison Wesley.

Cronbach, L. J. (1955). Processes Affecting Scores on “Understanding Others” and “Assumed similarity”. *Psychological Bulletin*, *52*, 177–193.

藤原武弘・黒川正流・秋月左都士 (1983). 日本語版Love-Liking尺度の検討. 広島大学総合科学部紀要III, *7*, 39–46.

Hirsch, B. J. (1980). Natural Support Systems and Coping with Major Life Changes. *American Journal of Community Psychology*, *8* (2), 159–172.

Homans, G. C. (1961). *Social Behavior: Its Elementary Forms*. New York: Harcourt.

Jones, E. E., & Davis, K, E. (1965). From Act to Dispositions: The Attribution Process in Person Perception. *Advances in Experimental Social Psychology*, *2*, 220–266.

Kelley, H. H., Berscheid, E., Christensen, A., Harvey, J., Huston, T. L., Levinger, G., ...Person, D. (Eds.). (1983). *Close Relationships*. New York: W. H. Freeman.

金政祐司・大坊郁夫 (2003). 愛情の三角理論における3つの要素と親密な異性関係 感

情心理学研究，*10*, 11–24.

Levinger, G., & Snoek, D. J.（1972）. *Attraction in Relattionships: A New Look at Interpersonal Attraction*. General Learning Press.

Maslow, A. H.（1962）. *Toward a Psychology of Being*. Princeton, NJ: Van Nostrand.

Rubin, Z.（1970）. Measurement of Romantic Love. *Journal of Personality and Social Psychology*, *16*, 265–273.

松井豊（2006）．恋愛の進展段階と時代的変化　斉藤勇（編）イラストレート恋愛心理学——出会いから親密な関係へ　誠信書房

松井豊（編）（2010）．対人関係と恋愛・友情の心理学　朝倉書店

McClintock, E., Pelau, L. A., & Person, D.（1983）. Analyzing Close Relationships. In H. H. Kelley, E. Berscheid, A. Christensen, J. Harvey, T. L. Huston, G. Levinger, ... D. Person（Eds.）, *Close Relationships*. New York: W. H. Freeman.

内閣府（2014）．平成26年度「結婚・家族形成に関する意識調査」報告書（全体版）Retrieved from https://www8.cao.go.jp/shoushi/shoushika/research/h26/zentai-pdf/index.html 2021年6月15日閲覧

Schneider, D. J., Hastforf, A. H., & Ellsworth, P. C.（1979）. *Person Perception* 2nd ed. Addison-Wesley.（対人行動学研究会（編）（1986）. 対人行動の心理学　誠信書房）

Shenk, W. J.（2009）. WHAT MAKES US HAPPY? The Atlantic. Retrieved from https://www.theatlantic.com/magazine/archive/2009/06/what-makes-us-happy/307439/ 2021年6月15日閲覧

Sternberg, R. J.（1986）. *The Triangle of Love: Intimacy, Passion, Commitment*. New York: Basic Books.

Stossel, S.（2013）. WHAT MAKES US HAPPY, Revised. The Atlantic. Retrieved from https://www.theatlantic.com/magazine/archive/2013/05/thanks-mom/309287/　2021年6月15日閲覧

Study of Adult Development（2015）. Grant & Glueck Study　Retrieved from https://www.adultdevelopmentstudy.org/grantandglueckstudy　2021年6月15日閲覧

大坊郁夫（1990）．対人関係における親密さの表現——コミュニケーションに見る発展と崩壊　心理学評論，*33*, 322–352.

谷口淳一（2013）．トピック8：恋愛しない・できない若者たち　大坊郁夫・谷口泰富（編著）現代社会と応用心理学2——クローズアップ「恋愛」福村出版

立脇洋介（2007）．異性交際中の感情と相手との関係性　心理学研究，*78*, 244–251.

Thibaut, J. H., & Kelly, H. H.（1959）. The Evolition of Reciprocal Altruism. *Quarterly Review of Biology*, *46*, 35–57.

索　引

◆あ　行

愛他的な愛（アガペ）　8
相手にされない求愛型　26
相手を支配　39, 40, 42, 43, 45
アイデンティティ　2
愛の三角理論　172
アウティング　91
アカデミック・ハラスメント　40
芥川賞　112
アサーション　55, 57, 58, 60-63
アサーションしない権利　62, 63, 66
アサーションする権利　60-63, 66
アサーティブな関係　55, 62, 63, 66
アサーティブな自己主張　66
アサーティブな自己表現　56, 57, 63
アルタミラ　124
安心できない関係　63, 65
安心できる関係　62, 63, 65
暗黙裡の性格観　163, 164
異性への関心　3
印象形成　162
エイズパニック　84
エリクソン　2

◆か　行

ガールズラブ　98
外集団　88
開示抑制　91
加害者の心理　50
関係のメンテナンス　59
キネトスコープ　127
逆転した性的な感情　77
境界密度　177, 178
狂気的な愛（マニア）　8
拒絶型　23
グーテンベルク　125
クエスチョニング　70
ゲイ　70
警察力　21, 34
結婚意識　8
原因帰属　162
攻撃的な自己表現　56
誤解から生じる恋愛理論　7
コミットメント　28, 29, 172
コンバージョン・セラピー　78

◆さ　行

ザイオンス理論　6
ジェンダー　99, 112
ジェンダー自尊心　89
自我同一性　2
自己開示　91, 157-159
自己拡張理論　171, 177
自己決定する権利　61, 62
自己主張しない権利　61, 62
自己呈示　157-159
自己理解　50, 66
親しくなりたい型　25
自他尊重　58, 60, 66
自他尊重の権利　61, 62
自他融合　58
実利的な愛（プラグマ）　8

シネマトグラフ　127
島清恋愛文学賞　112, 113, 115, 117, 119
社会的アイデンティティ　88
社会的交換理論　169, 171, 177
衆道　80
生涯未婚者　12
初頭効果　163
心的外傷後ストレス障害　47
親密化　159, 168, 176
親密性　165, 166, 172
親密性 対 孤独　4
ステレオタイプ　86
ストーカー　19, 21-26, 30, 31, 33
ストーカー行為　19, 22, 38
ストーキング　20, 22-26, 29, 32-34, 46, 55
ストーキングの被害の程度　33
ストーンウォールの反乱　79
スマートフォン　121, 123, 130
性的マイノリティ　69
青年期　1
セクシャル・ハラスメント　40
憎悪型　25
相互依存性理論　170
喪失体験　47
草食系男子　14
相補性理論　6
ソドミー　75
ソドミー法　77
ソロ男　13

◆た　行
第一印象　162, 163
対応推理理論　164
対人的相互作用の因果分析モデル　170
対人認知　157, 159-161, 163
ダイバーシティ&インクルージョン　90
体罰　39
対比効果　87
タイプ論　23
ダゲレオタイプ　127
多様性　97, 99, 111, 112, 116, 117
単純接触効果　6
耽美　114, 115
紐帯　177
デート DV　37, 38, 40, 48, 49, 51, 52, 55, 64-66
デート DV 防止プログラム　52
テレクラ　140
転向療法　78
電話　131
同化効果　87
同性愛　74, 81, 114-117
同性愛嫌悪　74, 86
特性推論　162
ドメスティック・バイオレンス　37
トランスジェンダー　70

◆な　行
内集団　88
男色　80
任意性　165-167
熱愛的愛（エロス）　8

◆は　行
バイセクシュアル　70
パソコン通信　142
発達心理学　1
パラサイトシングル　15
犯罪被害者　34
ヒエログラフ　124
被害者の心理　44, 50
非主張的な自己表現　56
フェティシズム　115
プラトニックラブ　101
ブログ　144
偏見　86
暴力による支配　40, 45, 58

暴力の形態　40, 43
暴力のサイクル　49-51, 58
暴力の実態　44
ボーイズラブ　98
ホームページ　144
ポケベル　134
ポジショニング　28, 29
ホモファイル　79
ホモフォビア　86

◆ま　行

マンハッタン宣言　77
無許可接近　21, 27
メタ・コミュニケーション　176

◆や　行

友愛的な愛（ストーゲイ）　8
遊戯的愛（ルダス）　8

◆ら　行

ラスコー　124
ラブストーリー　97-99
リベンジポルノ　30
リミット　28, 29
略奪型　26
類似性理論　5
レズビアン　70, 112
恋愛　1
ロミオとジュリエット効果理論　7

◆数字・アルファベット

2 ちゃんねる　149
3 つの C　11
4K　11
DV（Domestic Violence）　23, 37-39, 49, 51, 52
DV 加害者プログラム　51
DV 被害者女性プログラム　52
I メッセージ　63-66
i モード　137
LGBT　99, 108, 111, 112, 114, 116, 117
PTSD（post-traumatic stress disorder）　47
SNS　144
SRP（Stalking Risk Profile）　23
Windows95　143
You メッセージ　63-65

執筆者紹介

小野寺敦子（おのでら あつこ）編者、第1章
東京都立大学大学院人文科学研究科心理学専攻博士課程単位取得満期退学。博士（文学）（白百合女子大学）。現在、目白大学人間学部心理カウンセリング学科教授。専門は発達心理学、家族心理学、人格心理学。著書に『親と子の生涯発達心理学』（勁草書房）、『「エゴ・レジリエンス」でメゲない自分をつくる本』（一藝社）、『手にとるように発達心理学がわかる本』（かんき出版）などがある。

宇野耕司（うの こうじ）第2-4章
日本社会事業大学大学院社会福祉学研究科修了。博士（社会福祉学）（日本社会事業大学大学院）。現在、日本社会事業大学社会福祉学部福祉援助学科准教授。専門は子ども家庭福祉、臨床心理学。著書に『心理学と心理的支援』（分担執筆、中央法規出版）、『ワークブック　はじめての子育てと子育て支援』（学術研究出版）がある。

高田治樹（たかだ はるき）第5章
筑波大学大学院人間総合科学研究科心理学専攻修了。博士（心理学）。現在、医療創生大学心理学部臨床心理学科講師。専門は社会心理学、産業・組織心理学。著書に『対人関係を読み解く心理学』（分担執筆、サイエンス社）がある。

山中智省（やまなか ともみ）第6章
横浜国立大学大学院教育学研究科言語文化系教育専攻（博士前期課程）修了。修士（教育学）。現在、目白大学人間学部子ども学科専任講師。専門は日本近現代文学、サブカルチャー研究。著書に『ライトノベルよ、どこへいく──一九八〇年代からゼロ年代まで』（青弓社）、『ライトノベル史入門『ドラゴンマガジン』創刊物語─狼煙を上げた先駆者たち』（勉誠出版）、『小説の生存戦略─ライトノベル・メディア・ジェンダー』（共編、青弓社）などがある。

鷲谷正史（わしや まさし）第7章
早稲田大学大学院アジア太平洋研究科国際経営学専攻修士課程修了。修士（早稲田大学）。現在、目白大学メディア学部メディア学科准教授。専門はコンテンツ産業、エンターテインメントビジネス。著書に『メディアと表現』（分担執筆、学文社）、『エンターテインメントと法律』（分担執筆、商事法務）がある。

藤巻貴之（ふじまき たかゆき）第8章
目白大学大学院心理学研究科現代社会心理専攻修士課程修了。修士（心理学）。現在、目白大学 社会学部社会情報学科専任講師。専門は社会的相互作用、対人コミュニケーション。著書に『AI・データサイエンス・DXと社会情報学』（分担執筆、三弥井書店）がある。

恋愛を学問する
——他者との関わり方を学ぶ

2024年1月20日　第1版第1刷発行

編著者　小《お》野《の》寺《でら》　敦《あつ》子《こ》
発行者　井　村　寿　人

発行所　株式会社　勁《けい》草《そう》書　房

112-0005　東京都文京区水道2-1-1　振替　00150-2-175253
（編集）電話 03-3815-5277／FAX　03-3814-6968
（営業）電話 03-3814-6861／FAX　03-3814-6854
理想社・中永製本

ISBN978-4-326-25173-5　　Printed in Japan

小野寺敦子

親と子の生涯発達心理学

人間の発達にとって重要である親子関係を出生前から高齢期まで解説。母子関係のみならず父子関係にも焦点を当てた網羅的なテキスト。　3520円

林　雄亮・石川由香里・加藤秀一　編

若者の性の現在地——青少年の性行動全国調査と複合的アプローチから考える

いま若者の性行動や性意識はどうなっているのだろうか？　大規模な性行動調査と質的調査・資料分析など様々な角度から光を当てる。　3850円

田中亜以子

男たち／女たちの恋愛——近代日本の「自己」とジェンダー

恋愛は近代的な「自己」の実現のうえで、いかに意味づけられていったのか。恋愛という観念の男女による形成過程の違いを分析する。　4400円

齋藤直子

結婚差別の社会学

被差別部落出身者との恋愛や結婚を、出自を理由に反対する「結婚差別」。膨大な聞き取りデータの分析から、その実態を明らかにする。　2200円

山口真美・河野哲也・床呂郁哉　編著

コロナ時代の身体コミュニケーション

新型コロナウィルスの世界的な流行は私達のコミュニケーションの様相を一変させた。顔と身体表現から時代や社会を考察する。　3080円

アレックス・ラインハート　著／西原史暁　訳

ダメな統計学——悲惨なほど完全なる手引書

科学者が陥る統計の誤用を分析し、防ぐ方法をレクチャー。ウェブ版に大幅加筆してさらに読みやすくなり、待望の邦訳がついに刊行。　2420円

勁草書房刊

＊表示価格は 2024 年 1 月現在。消費税（10%）を含みます。